肖欢容 金 勇 主编

全球传播与国际关系

第一辑

01

中国传媒大学出版社
·北 京·

图书在版编目（CIP）数据

全球传播与国际关系. 第一辑 / 肖欢容, 金勇主编. -- 北京 : 中国传媒大学出版社, 2024. 11.

ISBN 978-7-5657-3808-1

Ⅰ. G206；D81

中国国家版本馆CIP数据核字第2024J0M194号

全球传播与国际关系（第一辑）

QUANQIU CHUANBO YU GUOJI GUANXI(DI-YI JI)

主　　编　肖欢容　金　勇
策划编辑　曾婧娴
责任编辑　沈刘红
责任印制　李志鹏
封面设计　拓美设计

出版发行　中国传媒大学出版社
社　　址　北京市朝阳区定福庄东街 1 号　　**邮　　编**　100024
电　　话　86-10-65450528　65450532　　**传　　真**　65779405
网　　址　http://cucp.cuc.edu.cn
经　　销　全国新华书店

印　　刷　唐山玺诚印务有限公司
开　　本　787mm × 1092mm　1/16
印　　张　8.75
字　　数　171 千字
版　　次　2024 年 11 月第 1 版
印　　次　2024 年 11 月第 1 次印刷

书　　号　ISBN 978-7-5657-3808-1/G · 3808　　**定　　价**　49.00 元

前　言

每当国际关系发生重大变动，都将对国际社会产生深远的影响。回顾历史，1994年的卢旺达种族大屠杀、1997年的亚洲金融危机、1999年的科索沃战争和2001年的“9·11”恐怖袭击事件，都是深刻影响国际局势的重要节点。卢旺达和科索沃事件让人们见证了人道主义危机和人道主义干预的兴起；亚洲金融危机期间中国的应对策略，开启了中国和东盟区域合作的新篇章；“9·11”恐怖袭击事件，见证了美国在新世纪的重大反恐战略转向。比如，2018年开启的中美贸易争端、2020年暴发的新冠疫情以及2022年的俄乌冲突，也是国际关系领域的新发展和新变化。

面对国际关系的新变化及其不确定性，政治家们期待用一个明确的概念，比如“和平与发展”“大变局”等，来把握不确定性，并以此作为政策的起源解释和合理性的来源。国际关系学者则力图阐析新发展与不确定性，寻求建构确定性的方法，评析政治家们的政策话语及其效用，反思“中国梦”“美国梦”“世界梦”的可行性与合理性，从而引导世界朝向善方向发展。

中国传媒大学国际关系学科的发展可以追溯到20世纪80年代设立的国际共产主义运动研究生专业，该专业是我校最早的三个硕士点专业之一。1994年，国际共产主义运动专业调整为国际关系专业。在探索国际关系的不确定性、建构确定性以及反思世界政治真、善、美的道路上，一代代中传国关人做出了自己的贡献。自21世纪初以来，由刘继南教授担任总主编、中国传媒大学出版社出版的“国际关系学书系”，先后出版了四辑近四十本著作，在我国国际关系学界产生了较好反响。

经过多年的发展，我校国际关系专业在地区主义研究、国际组织研究、全球传播研究、全球治理以及跨文化传播与国际关系研究等方面取得了较好的学术研究进展。为了在结合国家需求和社会需求方面取得更大突破，推动国际关系学科发展，特别是促进结合传播学与国际关系学的交叉研究，我们积极推动信息传播、全球传播与国际关系交叉地带和相关领域的研究工作，凝聚校内外学术同人的力量，推动相关学术成果的结集、出版工作。为此，特别编撰了《全球传播与国际关系》。

本辑《全球传播与国际关系》在外交战略主题方面，薛力和席寒婷在《如何理解新时代中国外交五大概念间的关系》一文中对人类命运共同体、伙伴外交、“一带一路”、全球发展倡议和全球安全倡议等五个新时代中国外交的代表性概念进行了阐释，认为这五大概念体现出新时代中国外交已形成从顶层设计到实现途径的网状结构，它们蕴含着中国政府对传统礼治秩序进行现代性改造的重大努力，象征着中国为世界实现天下大同做出的不懈努力。郑先武的《“印太战略”下美国东南亚政策调整的新趋向》对美国东南亚政策调整中的“规范化”和“务实化”趋势进行了有力论证。

在全球传播主题方面，王亚囡的《广播电视网络视听国际传播中国家形象的构建研究》分析了在广播电视网络视听国际传播中构建文明大国形象、东方大国形象、负责任大国形象和社会主义大国形象的阻力与路径，很有新意和特点。张晴的《准社会交往：海外社交平台讲好中国故事的心理路径》更是从传播心理学的角度，分析了如何运用海外社交平台的情感联系来进行有效的国际传播。

在国际展望主题方面，赵雪波在《走向新型国际关系是21世纪的必然选择——兼论新旧国际关系及全球治理》一文中强调，人们所谓的“全球治理困境”实质是解决国际关系困境问题。他指出，国际社会需要抛弃旧式国际关系，建立新型国际关系。党的二十大报告重申了这一理念，并为未来的发展指明了方向。

目 录

CONTENTS

【外交战略】

如何理解新时代中国外交五大概念间的关系 …………………… 薛 力、席寒婷 3

“印太战略”下美国东南亚政策调整的新趋向 …………………… 郑先武 21

【思想理论】

唯物史观与对外关系研究 …………………… 白云真 43

理解文化与创造人类文明新形态 …………………… 孙英春 57

霍布斯国际关系现实主义思想探析 …………………… 肖欢容 70

【全球传播】

广播电视网络视听国际传播中国家形象的构建研究 …………………… 王亚囡 87

准社会交往：海外社交平台讲好中国故事的心理路径 …………………… 张 晴 98

【国际展望】

走向新型国际关系是 21 世纪的必然选择——兼论新旧国际关系及全球治理

…………………… 赵雪波 115

【外交战略】

如何理解新时代中国外交五大概念间的关系

薛　力、席寒婷[①]

【摘要】人类命运共同体、伙伴外交、“一带一路”倡议、全球发展倡议和全球安全倡议是新时代中国外交的五大代表性概念。人类命运共同体是中国政府结合当代世界的特点，创造性运用传统文化的重大成果，是新时代中国关于世界秩序的道德主张、外交核心理念与总目标。伙伴外交和“一带一路”倡议是实现人类命运共同体的两大抓手，全球发展倡议和全球安全倡议则分别是“一带一路”倡议和伙伴外交在经济与安全领域的升级版。伙伴外交和“一带一路”倡议形成互补。全球发展倡议和全球安全倡议是中国为世界的和平与发展提出的最新方案。五大概念体现出新时代中国外交已形成从顶层设计到实现途径的网状结构，它们蕴含着中国政府对传统礼治秩序进行现代性改造的重大努力，象征着中国为世界实现天下大同做出的不懈努力。

【关键词】人类命运共同体；伙伴外交；“一带一路”倡议；全球发展倡议；全球安全倡议；相互关系

新时代的中国外交是一个系统工程，具有丰富的内涵与强大的生命力。人类命运共同体、伙伴外交、“一带一路”倡议、全球发展倡议和全球安全倡议是把握新时代中国外交的五个关键词，它们蕴含了中国在外交领域的道德主张与实施理念。探究这五大概念间的关系，有助于我们把握新时代中国外交的整体轮廓、主要特征与实践路径。本文首先介绍这五大概念的起源与发展，其次对五大概念间的关系进行分析，最后进行总结探讨。

① 薛力，中国社会科学院大学国际政治经济学院教授、中国社会科学院世界经济与政治研究所研究员、博士生导师；席寒婷，中国社会科学院大学国际政治经济学院博士生。

一、五大概念的起源与发展

新时代的中国进入了改革开放的深化阶段。中国政府与时俱进，总结了自中华人民共和国成立以来特别是改革开放以来的外交经验，就对外关系的顶层设计、实施方略提出了一整套方案，为中国外交提供了新的指导原则。探究其中关键概念的起源、发展与内涵，有助于我们深化对中国外交的认知。

（一）人类命运共同体

从时间和空间角度来看，人类的历史就是逐步走向命运共同体的历史。在旧石器时代，人类依靠采集食物生存，他们通常结合成一个个小团体，每个团体的人数在20~50人；在新石器时代，人类从食物采集者变为食物生产者，村庄代替了团体成为这一时期人类生存所依赖的组织；从新石器时代结束到公元1500年，人类以种族集团的形式生存在世界各孤立地区；从公元1500年到现在，不同种族的人类在整个世界范围内迁移与融合。文艺复兴、第一次科学革命、启蒙运动、宗教改革、大航海与工业革命为欧洲文明向全球扩张提供了动力与实现路径，以至于一战前在全球形成了“南北美洲和东欧（与西伯利亚一起）生产原料，非洲提供人力，亚洲提供各种奢侈品，而西欧则指挥这些全球性活动，并愈益倾全力于工业生产”[①]的格局。经过两次世界大战，世界中心从欧洲转移到了美国。二战后，美国联合欧洲国家，共同构建了新的全球秩序。冷战结束后，经济上，世界进入了全球共同市场阶段；政治上，美国坚信自己是新的罗马，试图以自身为模板来改造世界。但1973年的石油危机、2001年的“9·11”恐怖袭击、2008年的全球金融危机，使得美国领导世界的能力与意愿大大弱化，新孤立主义抬头。以美国为代表的发达国家，文化上强化自身文明认同，经济上纷纷实行保护主义，政治与安全上热衷于构建排他性的小圈子。全球化因此严重受阻，全球进入文明竞争时代，“文明间既竞争又合作，安全上局部冲突不断并出现俄乌冲突等严重事件；美西方打压中俄等国家的势头日益明显；一般商品与服务的全球贸易依然在发展，但经济问题日益政治化，先进科学技术的全球扩散被人为阻断，全球生产链被重组”的格局日益明显。作为一个复兴中的大国与文明国家，如何应对当今世界的挑战、推进文明复兴进程，成为新时代中国政府的重大外交议题，人类命运共同体等理念与“一带一路”倡议等外交方略依次出台。中国提出的人类命运共同体理念源自中国“以礼治国”的悠久传统，并与当代世界的实际相结合。中国赞成基于规则的秩序，并且倡导基于“礼义”与“礼

① 斯塔夫里阿诺斯.全球通史：从史前史到21世纪：第7版修订版（下册）[M].吴象婴，等译.北京：北京大学出版社，2006：461.

仪”的新型国际关系。“国家间首先要‘以礼相待’，在此基础上制定一些规约以在某些方面形成强制性的规范，从而在国家间形成一种礼治秩序”①，旨在实现一个“和而不同”的世界，达到“各美其美，美人之美，美美与共，天下大同”的理想境界②。

中国传统“天下观”与西方文明不同。《尚书》曰：“协和万邦”，《周易》曰：“万国咸宁”，《论语》曰：“四海之内皆兄弟”，《礼记》曰：“天下一家”。这些都是“天下观”的重要注解。“己所不欲，勿施于人”是中华民族自古以来就深入贯彻的信条，朱熹将其解释为“推己及物”。随着时代的发展，中国传统“天下观”孕育出一系列富含时代特色的新理念。中华人民共和国倡导的和平共处五项原则已成为大多数国家间相处的基本原则。如何对传统“天下观”进行现代性改造？新时代中国政府的主张是构建人类命运共同体，旨在推动全球合作与共同繁荣。

近年来，中国政府多次提倡命运共同体这一价值理念，它最早出现在 2011 年国务院新闻办公室发布的《中国的和平发展》白皮书中，“要以命运共同体的新视角，以同舟共济、合作共赢的新理念，寻求多元文明交流互鉴的新局面，寻求人类共同利益和共同价值的新内涵，寻求各国合作应对多样化挑战和实现包容性发展的新道路”③。2012 年 11 月，人类命运共同体首次出现在党的十八大报告中，“倡导人类命运共同体意识，在追求本国利益时兼顾他国合理关切，在谋求本国发展中促进各国共同发展，建立更加平等均衡的新型全球发展伙伴关系”④。习近平在 2015 年第七十届联合国大会上的讲话、庆祝改革开放 40 周年大会上的讲话，以及党的十九大报告和二十大报告等重大外交场合和文件中多次倡导人类命运共同体理念。其中，党的二十大报告专门用一个部分介绍人类命运共同体⑤。2017 年 2 月 10 日，人类命运共同体理念首次被写入联合国决议。截至 2023 年年底，它已连续六年被写入联大决议。在全球层面，人类命运共同体已经演化出全球发展共同体、人类卫生健康共同体等 8 个命运共同体；在地区层面，中国已经推动构建上海合作组织命运共同体、中阿命运共同体等 10 个命运共同体；在国家层面，中国和巴基斯坦、柬埔寨等 16 个国家提出构建双边命运共同体。

---

① 薛力 . 中国传统文化、人类命运共同体与高质量建设“一带一路”[J]. 中国发展观察，2021（23）：33-35.

② 费孝通 . 反思 · 对话 · 文化自觉 [J]. 北京大学学报（哲学社会科学版），1997（3）：15-22.

③ 中华人民共和国国务院新闻办公室 . 中国的和平发展 [R/OL].（2011-09-06）[2023-02-16]. https://www.gov.cn/jrzg/2011-09/06/content_1941204.htm.

④ 胡锦涛 . 坚定不移沿着中国特色社会主义道路前进 为全面建成小康社会而奋斗 [N]. 人民日报，2012-11-18.

⑤ 党的二十大报告共包括十五个部分，第十四部分以“促进世界和平与发展，推动构建人类命运共同体”为题，强调中国坚持通过独立自主的和平外交政策、和平共处五项原则、对外开放等途径“推动构建人类命运共同体”。具体参见：新华社 . 习近平：高举中国特色社会主义伟大旗帜 为全面建设社会主义现代化国家而团结奋斗——在中国共产党第二十次全国代表大会上的报告 [R/OL].（2022-10-25）[2023-02-21]. https://www.gov.cn/xinwen/2022-10/25/content_5721685.htm.

（二）伙伴外交

从词源上看，“伙伴”一词在中国源远流长。在《新华大字典》中，“伙”是“形声字，亻为形，火为声。伙原写作火，是古代军队中的一级单位，由十人组成，这十个人彼此称火伴。后称同一个军营的人也为火或火伴。此义的火后来写作伙。伙的本义指同伴。引申指合伙、结为同伴，用作动词”①。“伴”也是形声字，“亻为形，半为声。半兼表义。本义指同伴、助手或配偶。伴又用作动词，指陪伴、伴随”②。“伙伴”指的是“处在一起相互帮助的人”③、“共同做事的人”④。

在英文中，“partner”与“伙伴”相对应，在《韦氏大词典》中，“partner”有多个含义，其中两个含义与本文探讨的伙伴外交相关，一是“one associated with another esp. in an action：associate，colleague”⑤，意为“与另一个人有关系的人，尤指在行动中：合伙人，同事”；二是“one of two or more persons who play together in a game against an opposing side”⑥，意为“在比赛中共同对抗对方的两个或两个以上的人之一”。在《牛津高阶英语词典》中，“partner”则指的是“person who takes part in an activity with another or others，esp. one of several owners of a business”⑦，意为“与另一人或多人一起参加某项活动的人，尤指一家企业的几个所有者之一”。

从上文对“伙伴”“partner”词义的解析可以看出，中文中的“伙伴”强调双方关系的积极性，即相互帮助的一面，而英文中的“partner”更强调双方关系的中性（尤其是在商业活动中的共同利益）以及对抗性，如比赛中的零和博弈。从中可见，中国文化语境下的伙伴关系和西方文明中的伙伴关系存在不同。西方文明中的伙伴在必要时可以进一步强化为同盟关系，而中国的伙伴关系外交不针对第三方，硬性约束较少，它旨在促进伙伴国间的积极合作。

从实践的角度看，建立伙伴关系最早由美国总统尼克松提出。在1970年向国会提交的《70年代美国的对外政策：争取和平的新战略》国情咨文中，尼克松所陈述的外交战略被概括为“尼克松主义”，包括“伙伴关系”“实力”“谈判”三大支柱。“伙伴关系”指的是“美国要加强同北约盟国、日本以及其他自由国家的关系，鼓励它们分

---

① 新华大字典编委会．新华大字典（彩色版）[M]．北京：商务印书馆，2004：369.
② 新华大字典编委会．新华大字典（彩色版）[M]．北京：商务印书馆，2004：23.
③ 新华大字典编委会．新华大字典（彩色版）[M]．北京：商务印书馆，2004：23.
④ 新华大字典编委会．新华大字典（彩色版）[M]．北京：商务印书馆，2004：369.
⑤ WEBSTER N.Merriam-Webster's Collegiate Dictionary [M].10th ed.Springfield：Merriam-Webster，1993：848.
⑥ WEBSTER N.Merriam-Webster's Collegiate Dictionary [M].10th ed.Springfield：Merriam-Webster，1993：848.
⑦ HORNBY A.Oxford Advanced Learner's Dictionary [M].4th ed.Oxford：Oxford University Press，1989：901.

摊更多负担，承担更大责任，共同对付苏联的威胁”[①]。国际社会出现伙伴外交热潮则是在冷战结束后，推动全球化成为全球共识，这为世界各国提供了合作机遇。中共十一届三中全会的召开彻底改变了中国的工作重心，“中央提出了把全党工作的重心转到实现四个现代化上来的根本指导方针”[②]，“到冷战结束时，中国外交已经走上‘无敌国’的轨道”[③]。1993 年，中国与巴西建立第一个战略伙伴关系。在这之后经过不断的摸索发展，中国的伙伴关系外交逐渐成熟，截至 2020 年 10 月，“中国已同 180 个国家建立外交关系，同 112 个国家和国际组织建立不同形式的伙伴关系”[④]。毛主席曾说，“政治就是把支持我们的人搞得多多的，把反对我们的人搞得少少的”[⑤]。新时代中国外交，继续奉行独立自主的和平外交政策，反对强权政治与结盟对抗的冷战思维，支持不结盟运动，践行“结伴不结盟”外交，持续大力推进伙伴外交，致力于构建全球性伙伴外交网络。

（三）“一带一路”倡议

丝绸是古代中国的重要发明，并演化为东西方经济文化交流的象征。丝绸之路起源于汉武帝时期张骞出使西域的“凿空之旅”。1877 年，德国地理学家李希霍芬首次提出“丝绸之路”概念[⑥]，他将“中国长安与中亚之间的交通往来路线”[⑦]称作“丝绸之路”。这个概念得到了国际社会的普遍认可，许多国家推出了以“丝绸之路”命名的倡议与规划，展示了这一概念的内在生命力。

习近平于 2013 年 9 月在哈萨克斯坦的纳扎尔巴耶夫大学提出建设“丝绸之路经济带”，10 月初在印度尼西亚国会的演讲中又提出建设“21 世纪海上丝绸之路”。二者合称“一带一路”倡议。中国政府提出“一带一路”倡议后，给古丝绸之路注入了强大的生命力，并使其成为新时代中国外交的一大抓手。党的二十大报告中，围绕中国对外开

---

① 肖月，朱立群．简明国际关系史［M］．北京：世界知识出版社，2003：209.

② 邓小平．邓小平文选（第二卷）［M］．北京：人民出版社，1994：140.

③ 牛军．后冷战时代的中国外交［M］．北京：北京大学出版社，2009：7.

④ 潘洁.180 个建交国、112 对伙伴关系：中国的朋友遍天下［EB/OL］.（2020-10-09）［2023-02-26］. https://www.gov.cn/xinwen/2020-10/09/content_5549982.htm.

⑤ 徐文秀．人“是不能不政治的”［EB/OL］．（2018-02-07）［2023-02-21］. http://theory.people.com.cn/n1/2018/0207/c40531-29811054.html.

⑥ 费迪南·冯·李希霍芬（Ferdinand Von Richthofen）在其代表作五卷本的《中国——亲身旅行和据此所作研究的成果》（*China：Ergebnisse Eigener Reisen und Darauf Gegründeter Studien*）中，在第一卷首次使用 Seidenstrassen（the silk road）一词。转引自以下两篇论文：鱼宏亮．超越与重构：亚欧大陆和海洋秩序的变迁［J］．南京大学学报（哲学·人文科学·社会科学），2017，54（2）：76-92；刘进宝．从提出背景看“丝绸之路”概念［N］．中国社会科学报，2022-05-23.

⑦ 刘进宝．“丝绸之路”概念的形成及其在中国的传播［J］．中国社会科学，2018（11）：181-202.

放战略两次提到“一带一路”倡议。[①] 共建“一带一路”蕴含着中国自古以来追求和平发展的内在基因，“如果说，战争是几千年来国家崛起的标配，殖民则是五百年来基督教国家轮番崛起的必备条件。但这两条路都不适合于中国，和平发展进而实现国家崛起是唯一可行的现实选择。这正是‘一带一路’所展示的理念与运作方式”[②]。

“共商共建共享”的“一带一路”共建原则，在助力中国经济向全球拓展的同时，给东道国带来了实实在在的好处，为全球减贫事业贡献重要力量。“世界银行研究报告显示，到 2030 年，共建‘一带一路’有望帮助全球 760 万人摆脱极端贫困、3200 万人摆脱中度贫困。”[③] 发展中国家在“一带一路”沿线国家中的占比较大，在“五通”发展中收获颇丰，近年来“非洲国家的经济增长，大概有 20% 来自中国对‘一带一路’项目的投资”[④]。然而，以七国集团为代表的一些国家一方面拒绝共建“一带一路”并诋毁这一倡议，另一方面又推出类似的计划与中国竞争，这恰恰说明“一带一路”倡议对于当今世界的重要价值与作用。中国领导人将“一带一路”倡议称作“世纪工程”[⑤]，并不断优化共建的内容、重点，“高标准、可持续、惠民生”[⑥] 已经成为下一步共建“一带一路”的新要求。

（四）全球发展倡议

近年来，新冠疫情肆虐，全球经济发展遭到严重冲击，联合国 2030 年可持续发展议程落实受阻；新冠疫情还加剧了国家间发展鸿沟，美西方国家趁机断链脱钩推动逆全球化浪潮；全球气候变化使绿色发展成为更紧迫的任务。另外，虽然“一带一路”倡议在近十年的发展中成果丰硕，但也面临一些新挑战。在这些国内外因素的推动下，习近平代表中国政府适时提出了全球发展倡议。

“一带一路”倡议由中国政府提出，现已发展为全球公共产品，但依然带有比较明显的“中国印记”。而联合国 2030 年可持续发展议程是联合国基于全球众多国家的共

① 党的二十大报告中第一处“一带一路”出现在第一部分“过去五年的工作和新时代十年的伟大变革”：“我们实行更加积极主动的开放战略……共建‘一带一路’成为深受欢迎的国际公共产品和国际合作平台。”第二处“一带一路”出现在报告的第四部分“加快构建新发展格局，着力推动高质量发展”：“（五）推进高水平对外开放……推动共建‘一带一路’高质量发展。”

② 薛力．“一带一路”与文明交流［M］．北京：中国社会科学出版社，2020：1.

③ 肖新新．合力建设远离贫困、共同发展的美好世界（命运与共·全球发展倡议系列综述）［EB/OL］.（2022-04-06）［2023-02-25］. http://world.people.com.cn/n1/2022/0406/c1002-32391984.html.

④ 丁一凡．相信吗？“一带一路”倡议拯救了世界经济［EB/OL］.（2020-12-31）［2023-03-01］. https://www.yidaiyilu.gov.cn/p/160001.html.

⑤ 习近平．携手推进“一带一路”建设［N］．人民日报，2017-05-15.

⑥ 新华社．习近平在第三次“一带一路”建设座谈会上强调 以高标准可持续惠民生为目标 继续推动共建“一带一路”高质量发展 韩正主持［EB/OL］．（2021-11-19）［2023-03-22］. http://www.news.cn/politics/leaders/2021-11/19/c_1128081486.htm.

识推出的全球性发展规划，具有全球的正当性与合法性。全球发展倡议对接并支持联合国 2030 年可持续发展议程，既表明中国支持联合国在全球事务中发挥作用，也有助于提升全球发展倡议的全球接受度与影响力，减少来自美国和西方国家的阻力，助力全球发展。毕竟，“全球发展倡议”与“联合国 2030 年可持续发展议程”两者都关注全球发展问题。

因此，从推动全球发展的视角看，全球发展倡议可以被看作“一带一路”倡议在经济领域的升级版，旨在应对“一带一路”倡议共建过程中出现的问题：一方面，一些发达国家普遍不接受“一带一路”倡议并对其有负面看法。“一带一路”发展中国家受到发达国家，特别是美国的压力，对“一带一路”倡议的公开支持力度下降，这种现象在新教—天主教文明圈国家中尤为明显，同时出现在与西方关系密切的其他非西方发展中国家中。另一方面，“一带一路”倡议已被提出 11 年，可持续且高质量地推进“一带一路”倡议这一“世纪工程”，需要应对新挑战：如涉及的国家太多、领域过广、部分项目风险较高、在高风险国家和非重点国家投入过大等问题。

2021 年 9 月 21 日，习近平在第 76 届联合国大会一般性辩论的讲话中提出了全球发展倡议，主要内容是：坚持发展优先；坚持以人民为中心；坚持普惠包容；坚持创新驱动；坚持人与自然和谐共生；坚持行动导向。[①] 在全球发展倡议提出的新的国际局势下，为全球各地区的发展提供动力和支持。从区域来看，全球发展倡议在“一带一路”的基础上将目光扩展向全球；从领域来看，全球发展倡议包含八大合作领域：减贫、粮食安全、抗疫和疫苗、发展筹资、气候变化和绿色发展、工业化、数字经济、互联互通。相较于“一带一路”的“五通”建设，以上八大领域涵盖世界各国普遍面临的问题。2022 年 6 月 24 日，习近平主持召开了全球发展高层对话会，介绍了落实全球发展倡议的相关举措，推动落实全球发展倡议，会议达成了包含 32 项举措的成果清单。目前，已有 100 多个国家和包括联合国在内的国际组织支持该倡议，超过 60 个国家加入了“全球发展倡议之友小组”。

（五）全球安全倡议

几代中国领导人都提到，中国发展起来后，愿意为世界做出更大贡献。在新时代的外交实践中，这在经济层面已经通过“一带一路”倡议的深化、升级得到体现。在政治层面上，伙伴外交进一步深化为全球伙伴关系网络。在安全领域，中国提出了新安全观，即 2014 年在亚洲相互协作与信任措施会议上提出的亚洲新安全观，其核心原则是

① 习近平．坚定信心 共克时艰 共建更加美好的世界［N］．人民日报，2021-09-22.

共同、综合、合作、可持续。随着全球政治与安全形势的变化，安全领域的挑战变得越来越复杂、激烈，倡导全球性的安全新理念、构建全球性的安全新机制日益迫切，这也是中国实现总体国家安全的需要。因此，全球安全倡议是中国在安全领域提出的首个全球性倡议，是伙伴外交在安全领域的具象化与升级版，是亚洲安全观的全球版。

在实际经验上，伙伴外交与亚洲安全观为全球安全倡议的施行提供了条件与动力，伙伴外交为中国创造了和平发展的外部环境，中国进一步的和平发展需要伙伴外交的升级化。进入21世纪，地缘政治竞争、大国博弈日益凸显文明间竞争的色彩，美西方国家不再是全球化的推动者与引领者，在政治经济文化等各个方面内缩，热衷于构建区域性、功能性的排他性机制，打压不受其待见的俄罗斯、伊朗、叙利亚、委内瑞拉、古巴、朝鲜、柬埔寨，乃至匈牙利、塞尔维亚等国家，并把崛起的中国当作全面战略竞争对手。这种对抗性意识与行为不仅不利于世界的和平稳定，也恶化了中国进一步发展的外部安全环境，促使中国从国际和平与安全的分享者转向和平与安全的推动者和创造者。几十年的快速发展为中国奠定了这种转变的基础。中国倡导开放的地区主义，强调亚洲的安全与世界安全紧密相关，从总体国家安全到亚洲安全再到全球安全，构成了一个完整的逻辑链条。

2022年4月21日，习近平在博鳌亚洲论坛2022年年会开幕式上提出了全球安全倡议，强调了6个核心理念和坚持："坚持共同、综合、合作、可持续的安全观，共同维护世界和平和安全；坚持尊重各国主权、领土完整，不干涉别国内政，尊重各国人民自主选择的发展道路和社会制度；坚持遵守联合国宪章宗旨和原则，摒弃冷战思维，反对单边主义，不搞集团政治和阵营对抗；坚持重视各国合理安全关切，秉持安全不可分割原则，构建均衡、有效、可持续的安全架构，反对把本国安全建立在他国不安全的基础之上；坚持通过对话协商以和平方式解决国家间的分歧和争端，支持一切有利于和平解决危机的努力，不能搞双重标准，反对滥用单边制裁和'长臂管辖'；坚持统筹维护传统领域和非传统领域安全，共同应对地区争端和恐怖主义、气候变化、网络安全、生物安全等全球性问题。"[①]"六个坚持"彼此联系、相互呼应，是辩证统一的有机整体。其中，坚持共同、综合、合作、可持续的安全观是理念指引，坚持尊重各国主权、领土完整是基本前提，坚持遵守联合国宪章宗旨和原则是根本遵循，坚持重视各国合理安全关切是重要原则，坚持通过对话协商以和平方式解决国家间的分歧和争端是必由之路，坚持统筹维护传统领域和非传统领域安全是应有之义。这是中国政府提出的首个全球性

① 习近平．携手迎接挑战，合作开创未来［N］．人民日报，2022-04-22.

安全倡议，是中国践行共同、综合、合作、可持续的新安全观的进一步体现。

为推动全球安全倡议的落实，中国政府于 2023 年 2 月发布了《全球安全倡议概念文件》，明确阐述了倡议的 6 个核心理念和原则，指出了 20 项重点合作方向，并提出了 5 个平台和机制。20 项重点合作方向包括坚定支持联合国在安全治理中的核心作用、努力促进大国协调和良性互动、积极推动对话和平解决热点问题、有效应对传统和非传统安全挑战、不断加强全球安全治理体系和能力建设。如何在全球安全倡议框架下开展与世界各国和国际、地区组织的双多边安全合作，积极推进安全理念对接和利益共融，对此中国提出了 20 项应该重点关注与推进的全球安全合作方向。

5 个平台和机制包括联合国大会及其相关委员会、安理会、相关机构以及其他有关国际和地区组织等平台；上海合作组织、金砖合作、亚信、“中国 + 中亚五国”、东亚合作相关机制等；中非和平安全论坛、中东安全论坛、北京香山论坛、全球公共安全合作论坛（连云港）；适时举办全球安全倡议高级别活动；围绕应对反恐、网络、生物、新兴科技等领域安全挑战，搭建更多国际交流合作平台和机制，共同提升非传统安全治理能力。[①] 这些平台和机制是对前述重点合作方向的进一步操作化，展示了中国政府扎实推进全球安全倡议的决心与努力。

二、五大概念间的关系

人类命运共同体、伙伴外交、“一带一路”倡议、全球发展倡议和全球安全倡议这五大概念之间是什么关系？基于过去十年的思考与研究，作者认为，人类命运共同体是新时代中国政府关于世界秩序的道德主张，是新时代外交的核心理念和总目标，通过伙伴外交、“一带一路”倡议在不同领域予以操作化，并在经济与安全领域进一步分别提出全球发展倡议和全球安全倡议逐步落实。伙伴外交与“一带一路”倡议形成相互促进和补充。从时间线上看，伙伴外交为“一带一路”倡议的顺利开局奠定基础并为其打开局面，“一带一路”的建设则为伙伴外交提质升级创造契机。全球发展倡议与全球安全倡议于 2021 年和 2022 年先后被提出，它们是全球人类命运共同体的两大领域，可以分别看作“一带一路”倡议和伙伴外交在经济与安全领域的升级版。这两个倡议既共通又互补。和平与发展依然是时代的两大主题，对于任何国家来说，没有安全的发展是困难的，没有发展的安全是不可持续的。

① 新华社．全球安全倡议概念文件（全文）[EB/OL]．(2023-02-21)[2023-02-22]．http://www.news.cn/world/2023-02/21/c_1129382628.htm.

（一）人类命运共同体的定位与角色

人类命运共同体包括四个层次、五大方面和两大抓手。四个层次是全球、地区（小多边）、双边与领域（海洋、卫生、网络空间等）；五大方面是政治、安全、经济、文化与生态；两大抓手是伙伴外交与“一带一路”倡议。全球发展倡议与全球安全倡议可分别被看作“一带一路”倡议和伙伴外交在经济与安全领域的升级版。

1. 人类命运共同体与伙伴外交、“一带一路”倡议

伙伴外交是实现人类命运共同体的重要途径。党的二十大报告将中国的伙伴外交分为中国与大国、周边国家、发展中国家等层级，并为构建均衡稳定的大国关系、友好互信的周边关系及与发展中国家的友好合作关系提供了指导性原则。在这一方针的指导下，中国伙伴外交已经形成全天候战略合作伙伴关系、全面战略协作伙伴关系、全面战略合作伙伴关系、全面战略伙伴关系等 14 个等级的外交伙伴关系。① 中国的伙伴关系网络已经将中国与其他国家和国际组织编织成不同等级的共同体，扎实推进了人类命运共同体的构建进程。

“一带一路”倡议是实践人类命运共同体理念的重要平台。2017 年 12 月 1 日，习近平在中国共产党与世界政党高层对话会上的主旨讲话中指出：“我提出‘一带一路’倡议，就是要实践人类命运共同体理念。”② “一带一路”倡议自提出以来，沿线各国间的政策沟通、设施联通、贸易畅通、资金融通、民心相通已得到有力发展，为人类命运共同体的实现提供了切实的保障。

截至 2022 年 12 月 6 日，中国已与 150 个国家和 32 个国际组织签署 200 多份共建“一带一路”合作文件③；截至 2022 年年末，中国企业在“一带一路”沿线国家建设的合作区已累计投资 3979 亿元，为当地创造了 42.1 万个就业岗位④；截至 2022 年 8 月底，中欧班列累计开行近 6 万列，货值累计近 3000 亿美元，共铺设了 82 条运输线路，通达欧洲 24 个国家的 200 个城市；截至 2022 年 9 月上旬，“丝路海运”命名航线已达 94 条，通达 31 个国家的 108 座港口，累计开行超 9000 艘次，完成了超 1000 万标箱的集

---

① 根据外交部的信息统计，中国外交伙伴关系分为14级，从低到高分别为：战略互惠关系、建设性合作伙伴关系、新型合作伙伴关系、重要合作伙伴关系、友好合作伙伴关系、全面合作伙伴关系、全方位合作伙伴关系、战略伙伴关系、战略合作伙伴关系、全方位战略伙伴关系、全面战略伙伴关系、全面战略合作伙伴关系、全面战略协作伙伴关系、全天候战略合作伙伴关系。

② 习近平 . 携手建设更加美好的世界［N］. 人民日报，2017-12-02.

③ 曹家宁，陈瑜，段秋子，等 . 数说共建“一带一路”2022［EB/OL］.（2022-12-31）［2023-02-19］. https://www.yidaiyilu.gov.cn/p/299772.html.

④ 舒晓婷 . 中国与“一带一路”沿线国家十年贸易增长 114.1%，专家称“一带一路”成多边主义有效载体［EB/OL］.（2023-02-09）［2023-02-20］. https://www.21jingji.com/article/20230209/herald/b1158c40c322b984be1c82f597ee9dac.html.

装箱吞吐量，“丝路海运”联盟成员单位已超过250家；截至2022年7月底，中国累计与20多个共建国家建立了双边本币互换安排，在十多个共建国家建立了人民币清算安排；“丝路一家亲”行动已在共建国家开展300多个民生合作项目，推动中外社会组织建立了600对合作伙伴关系。[①]伙伴外交是从国家间交往（特别是在政治与安全领域）的角度服务于人类命运共同体的构建。“一带一路”则聚焦经济与文化领域，通过“五通”建设服务于人类命运共同体的构建。

伙伴外交和“一带一路”是实现人类命运共同体的途径，人类命运共同体理念也对伙伴外交和“一带一路”的发展具有促进作用。研究表明，人类命运共同体理念的提出对中国建立与升级伙伴关系具有积极影响。[②]“在人类命运共同体理念提出后，外交访问活动在总体上有助于中国与其他国家建立或升级伙伴关系……人类命运共同体理念还有助于中国与他国伙伴关系的建立或升级。”[③]2018年，推进“一带一路”建设工作领导小组会议强调，“一带一路”建设已经进入新阶段，要“紧紧围绕构建人类命运共同体，推动‘一带一路’建设走深走实、行稳致远”[④]。人类命运共同体是理念，建设“一带一路”是行动，理念推动行动，行动促成理念，两者相互促进。人类命运共同体理念推动“一带一路”建设迈向更高质量的阶段。

2. 人类命运共同体与全球发展倡议、全球安全倡议

全球发展倡议和全球安全倡议首次被写入党的二十大报告中：“中国始终坚持维护世界和平、促进共同发展的外交政策宗旨，致力于推动构建人类命运共同体……中国提出了全球发展倡议、全球安全倡议，愿同国际社会一道努力落实。”[⑤]作为伙伴外交和“一带一路”倡议的升级版，全球发展倡议和全球安全倡议是中国政府依据国内外环境变化，因应外部新挑战而提出的重大外交举措，旨在从经济与安全领域进一步推动构建人类命运共同体。

中国政府提出全球发展倡议时，新冠疫情正在全球各处蔓延，世界主要经济体遭受

① 曹家宁，陈瑜，段秋子，等．共建“一带一路”九周年成绩单［EB/OL］．(2022-10-01)［2023-03-12］．https://www.yidaiyilu.gov.cn/p/281310.html.

② 中国社会科学院亚太与全球战略研究院副研究员张中元运用排序logit模型、多项logit模型等方法，以双边外交关系为因变量，外交访问为核心解释变量，双边经贸联系变量和双边军事联系变量等为控制变量，经过分析得出人类命运共同体理念的提出促进了中国伙伴关系建立与发展的结论。

③ 张中元．人类命运共同体理念对双边外交关系的影响［J］．世界经济与政治，2021(12)：24-53.

④ 光明网．紧紧围绕构建人类命运共同体 推动“一带一路”建设走深走实行稳致远［EB/OL］．(2018-05-26)［2023-03-11］．https://m.gmw.cn/baijia/2018-05/26/28979347.html.

⑤ 新华社．习近平：高举中国特色社会主义伟大旗帜 为全面建设社会主义现代化国家而团结奋斗——在中国共产党第二十次全国代表大会上的报告［R/OL］．(2022-10-25)［2023-02-21］．https://www.gov.cn/xinwen/2022-10/25/content_5721685.htm.

重创，全球经济整体呈低速发展态势。“截至2022年第二季度，美国近三年的GDP增长率仅为3.8%，欧洲欧元区的增长率也仅为1.7%。同期的中国经济增长率为11.8%”①，数据显示，在全球经济疲软的背景下，中国不仅承受住了经济下行的压力，而且有能力继续扮演世界经济增长引擎的角色。中国政府提出全球发展倡议表明其将积极应对全球经济复苏的重大挑战，为构建人类命运共同体主动担当。

全球安全倡议是中国在安全领域提出的首个全球性倡议，旨在消除当下国际形势中的不安全因素。国际社会一直在努力实现世界和平，但在两次世界大战和冷战期间，美英等帝国主义国家为了维护霸权，通过布雷顿森林体系、马歇尔计划、北约组织等结成大西洋联盟，并将其价值观借助科技、经济、媒体等优势向全世界传播，包装为“普世价值”，这导致冷战结束后世界和平仍然没有实现。中国提出的全球安全倡议倡导“共同、综合、合作、可持续”的新安全观，旨在实现全人类的共同安全，这与美西方国家陷入的零和博弈的安全困境存在根本性不同。

（二）伙伴外交与“一带一路”交互作用并互补

从20世纪90年代初期开始，中国开始接受伙伴外交这一概念，到现在已成为大国中最重视这一概念的国家。与一些国家热衷于“结盟对抗”不同，改革开放以来，中国始终坚持独立自主的和平外交政策，坚定支持不结盟运动，努力推行“结伴不结盟”外交。伙伴外交成为中国外交的显著特色，主要原因在于它与中国传统礼治体系下的“一国一策”外交实现了有效对接，具有强大的生命力。

相比较而言，中国的伙伴外交侧重政治与安全领域，以及针对与发达国家的外交。“一带一路”侧重经济与文化领域，主要针对发展中国家。生态领域是伙伴外交与“一带一路”共同关注的领域。近十年来，“一带一路”经历了不同的发展阶段，不仅体现了“一国一策”的特点，又能在让东道国受益并支持的情况下，解决中国经济利益全球拓展这一重大问题，并进一步扩大中国文化在全球的影响力。在文化领域，“一带一路”倡导文明对话，以亚洲文明对话大会、“中拉文明对话”研讨会等为代表的多级别、各地区的文明交流活动为“一带一路”的民心相通保驾护航。

1. 伙伴外交助力“一带一路”起步发展

伙伴外交为“一带一路”的开局奠定基础并为其创造发展空间。“一带一路”倡议提出时，中国的伙伴外交经历了20年的发展，近60个伙伴关系国中有22个位于亚洲，而共建“一带一路”的一大重点区域就是周边国家，特别是周边发展中国家。中国构建

---

① 罗思义，贾敏．全球发展倡议为世界经济复苏提供坚实基础［J］．当代中国与世界，2022（4）：116-122.

的中蒙俄、新亚欧大陆桥、中国—中亚—西亚、中国—中南半岛、中巴、孟中印缅六大经济走廊是“一带一路”倡议的重要骨架，其中后四个经济走廊位于亚洲地区。[①]中国和相关国家间已有的伙伴关系为这四个经济走廊的搭建打下了基础。

中巴经济走廊被称为“一带一路”建设的旗舰项目，主要原因在于中国和巴基斯坦间的长期深厚友谊。巴基斯坦是最早与中国建交的国家之一，1996 年，两国建立面向 21 世纪的全面合作伙伴关系。2005 年，中巴建立更加紧密的战略合作伙伴关系。2015 年双边关系提升为全天候战略合作伙伴关系。“全天候”的定位在中国的伙伴外交中是独一无二的。巴方也高度重视与中国的关系，把中国看作首要战略合作伙伴，把“中巴经济走廊”建设视为推动经济与社会发展的重大战略机遇。在中巴经济走廊启动前两国总理会面，“李克强认为，中巴互为亲密友好邻邦，是铁杆朋友……谢里夫表示，巴中友好是巴基斯坦外交政策的基石，两国关系建立在强有力的互信和良好的合作基础之上。巴方愿同中方落实好巴中经济走廊等重大合作项目”[②]。中蒙俄经济走廊的政府间沟通工作进展比较顺利，这与中国和蒙古国、俄罗斯的伙伴关系特别是中俄关系紧密相关，中俄两国关系在 2019 年提升为新时代全面战略协作伙伴关系，“全面战略协作伙伴”的定位在中国伙伴外交中是独一无二的。

2.“一带一路”助力伙伴外交提质升级

“一带一路”为中国伙伴外交的发展增添了动力，有助于建设全球伙伴关系网络。这同时体现在伙伴关系数量增加和地区分布均衡性的提升上。“‘一带一路’倡议推出后，中国外交风格从韬光养晦转向奋发有为，但‘结伴不结盟’的宗旨并没有改变，并且致力于‘在坚持不结盟原则的前提下广交朋友，形成遍布全球的伙伴关系网络’。”[③]2013 年“一带一路”倡议提出以前，中国的伙伴关系数量是 58 个，在 2013 年到 2018 年，中国的伙伴关系数量增加了 49 个。[④]也就是说，从 1993 年中国开展伙伴关系外交到 2018 年“一带一路”建设 5 年的 25 年间，中国近一半的伙伴关系是在“一带一路”开展后建立起来的。这体现出“一带一路”对中国伙伴外交发展的促进作用。

---

① 中巴经济走廊（CPEC）是“一带一路”建设的旗舰项目，它于2013年5月提出，2015年4月启动。孟中印缅经济走廊（BCIM）于 2013 年 5 月提出，同年 12 月孟中印缅经济走廊联合工作组召开第一次会议，启动经济走廊建设。中蒙俄经济走廊于 2014 年 9 月提出。2015 年 9 月 18 日，中国—中南半岛国际经济走廊（南宁—新加坡）合作发展圆桌会在南宁举办。这标志着中国—中南半岛国际经济走廊的建设步入政策落实阶段。这一圆桌会源自中国（南宁）—新加坡经济走廊节点城市市长圆桌会，为了与中国—中南半岛国际经济走廊相衔接，圆桌会改为现在的名称。

② 新华网.李克强：打造中巴经济走廊旗舰项目［EB/OL］.（2014-11-08）［2023-03-11］. http://www.xinhuanet.com//politics/2014-11/08/c_1113169953.htm.

③ 薛力 . 新冠疫情与中国周边外交方略调整［J］. 东南亚研究，2020（5）：115-131.

④ 王晨光 . 中国的伙伴关系外交与“一带一路”建设［J］. 当代世界，2020（1）：69-73.

其中2013年和2014年（“一带一路”开展的第一年和第二年），中国伙伴关系的数量分别增加了16个和13个。在2015年和2016年，与中国建立伙伴关系的国家共增加了16个，其中包括新加坡、伊朗、伊拉克等国家，这一结果与2015年3月中国发布的《推动共建丝绸之路经济带和21世纪海上丝绸之路的愿景与行动》密切相关。从地区分布来看，“一带一路”为中国伙伴关系发展的均衡性创造了机遇。2013年以前，中国伙伴关系集中于亚洲和欧美地区；2013年—2018年，中国伙伴关系数量增长比例最大的区域依次为大洋洲、非洲和拉美地区。①

从以上分析可以看出，伙伴关系外交与“一带一路”建设相互促进。伙伴外交的既有成果为“一带一路”开局奠定基础，“一带一路”建设为伙伴外交的进一步发展注入动力。这背后离不开两者在价值理念上存在相通之处，即两者都从中国传统文化中的“礼治”中汲取养分。2017年，外交部部长王毅指出中国伙伴关系的四个鲜明特征：寻求和平合作；坚持平等对待；倡导开放包容；强调共赢共享。②《推动共建丝绸之路经济带和21世纪海上丝绸之路的愿景与行动》白皮书介绍了“一带一路”的源头即丝绸之路精神——“和平合作、开放包容、互学互鉴、互利共赢”，以及“一带一路”的共建原则——和平共处五项原则、开放合作、和谐包容、市场运作、互利共赢。③这体现出在伙伴外交和“一带一路”中，中国都对其他国家以“礼”相待。孔子曾对礼治和法治做出如下对比：“道之以政，齐之以刑，民免而无耻。道之以德，齐之以礼，有耻且格。”④也就是说，法治以“刑”对待人民，导致人民虽避免犯罪但“无耻”，礼治则用“礼”使人民从内心归于正道。

（三）全球发展倡议与全球安全倡议各有侧重

安全是发展的前提，发展是实现更稳固安全的保障。全球发展倡议与全球安全倡议将“以人民为中心”⑤作为共同核心，各自从和平与发展的时代主题入手，共同在最新的时代背景下为实现人类命运共同体贡献力量。全球发展倡议中包含安全因素，全球安全倡议中也包含发展因素，两者相互包容和转化，这从两个倡议各自的“六个坚

---

① 王晨光．中国的伙伴关系外交与“一带一路”建设［J］．当代世界，2020（1）：69-73.

② 人民网．王毅：中国提倡的伙伴关系具有四个鲜明特征［EB/OL］．（2017-03-20）［2023-03-18］．http://world.people.com.cn/n1/2017/0320/c1002-29157063.html.

③ 新华社．授权发布：推动共建丝绸之路经济带和21世纪海上丝绸之路的愿景与行动［EB/OL］．（2015-03-28）［2023-03-18］．http://www.xinhuanet.com/world/2015-03/28/c_1114793986.htm.

④ 论语译注（简体字本）［M］．杨伯峻，译注．北京：中华书局，2017：15.

⑤ “以人民为中心”是全球发展倡议的“六个坚持”之一，《全球安全倡议概念文件》正文的第一句话是“安全问题事关各国人民的福祉”，将安全的主体落到了人民身上。

持”即可看出。[①] 在具体领域和议题方面，两个倡议既存在相同之处，也有着各自的侧重点。

1. 两个倡议的共同领域及议题

发展问题被全球发展倡议和全球安全倡议置于首要位置[②]，联合国2030年可持续发展议程是两个倡议共同关注的议题。粮食和能源安全、气候变化是两个倡议共同的重点合作领域。[③]《全球安全倡议概念文件》列出的20项重点合作方向中，其中两项是“维护全球粮食和能源安全”“支持各国在气候变化、供应链产业链稳定畅通等领域合作，加快落实联合国2030年可持续发展议程，以可持续发展促进可持续安全”[④]。“仓廪实而知礼节，衣食足而知荣辱”，“皮之不存，毛将焉附”。可以说，粮食安全是最基本的安全，是一切发展的前提条件。地球是人类赖以生存的基础，气候变化直接关乎地球家园的存在与否。因此，粮食安全和气候变化共同作为全球发展倡议和全球安全倡议的重点合作领域，两大倡议不可被分割看待。

从国际行为体的角度来看，两个倡议都关注大国和发展中国家。两个倡议都强调大国应该加强协调，不同之处在于：全球发展倡议倡导大国协调旨在建立均衡的全球发展伙伴关系，促进世界经济繁荣；全球安全倡议倡导大国协调则旨在构建均衡的大国关系格局，促进世界和平。对于发展中国家，两个倡议都提出应将资源向这些国家倾斜。全球发展倡议注重从缓债、发展援助、抗疫等途径帮助发展中国家发展经济，全球安全倡议则主张通过反恐资源倾斜、执法人员培训等方式提升发展中国家安全。

---

① 全球发展倡议的“六个坚持”：1. 坚持发展优先；2. 坚持以人民为中心；3. 坚持普惠包容；4. 坚持创新驱动；5. 坚持人与自然和谐共生；6. 坚持行动导向。全球安全倡议的“六个坚持”：1. 坚持共同、综合、合作、可持续的安全观；2. 坚持尊重各国主权、领土完整；3. 坚持遵守联合国宪章宗旨和原则；4. 坚持重视各国合理安全关切；5. 坚持通过对话协商以和平方式解决国家间的分歧和争端；6. 坚持统筹维护传统领域和非传统领域安全。在全球发展倡议的“以人民为中心”中，习近平指出，发展是为了增加民众安全感；在“行动导向”中，“粮食安全”被置于重点合作领域。在全球安全倡议中，“可持续的安全”是指“通过发展化解矛盾，消除不安全的土壤”。参见：新华社．全球安全倡议概念文件（全文）[EB/OL]．(2023-02-21)[2023-02-22]．http://www.news.cn/world/2023-02/21/c_1129382628.htm.

② 《全球安全倡议概念文件》的第二部分“核心理念与原则”中的第一个原则包括“可持续的安全观”，意味着“通过发展化解矛盾，消除不安全的土壤”。这和全球发展倡议的“六个坚持”中的第一个坚持，“坚持发展优先”有共通之处。也就是说，两个倡议都将“发展”放在首要位置。减贫和发展筹资则是全球发展倡议的重点关注领域。

③ 两个倡议都注重粮食和能源安全，区别在于，全球安全倡议强调全球粮食和能源问题防止被政治化利用，全球发展倡议则强调全球粮食和能源的充分供应和绿色发展。《全球安全倡议概念文件》中“核心理念与原则”的第六个原则“坚持统筹维护传统领域和非传统领域安全”包含“气候变化”，全球发展倡议的第五个坚持“人与自然和谐共生”包括“积极应对气候变化”。

④ 新华社．全球安全倡议概念文件（全文）[EB/OL]．(2023-02-21)[2023-02-22]．http://www.news.cn/world/2023-02/21/c_1129382628.htm.

2. 两个倡议的不同领域及议题

在以上介绍的共同领域及议题之外，两个倡议还有着各自的关注领域和议题，各自为和平与发展的时代主题贡献力量。全球发展倡议将工业化[①]、创新驱动[②]、互联互通[③]作为重点领域。全球安全倡议将国际组织发挥作用[④]、区域安全[⑤]、国际热点问题（乌克兰危机）、武器安全[⑥]、非传统领域安全[⑦]等作为重点领域。

全球发展倡议和全球安全倡议分别可视作“一带一路”倡议和伙伴外交的升级版，中国为自身的和平与发展提出的解决方案升级为了解决全球和平与发展问题的方案。“一带一路”倡议和伙伴外交在价值理念上存在相通之处，它们都从中国文化中汲取养分，强调和而不同、以礼相待、和为贵、“一国一策”，这些都与中国传统的礼治秩序相通，并在新时代加以操作化。全球发展倡议和全球安全倡议的出台则体现出全球不同文明间存在理念与行为的差异。这两个倡议出台的背景是全球在和平、发展、安全与治理方面都存在赤字，这与西方文明的基因直接相关，体现为排他性、强制性与扩张性。当今世界所谓的“全球化并不是真正的全球化，是基督教文明的全球扩张”[⑧]。基督教文明基于基督教、罗马法与古希腊理性主义三大支柱，其中上帝信仰是首要因素。这种一神论信仰把人群分为教徒和非教徒，教徒蒙受主恩，并有神圣义务把上帝的福音传递给非教徒，为此可以采取软硬两种措施，非教徒要么皈依要么被打压乃至消灭。这是基督教两千年历史的常态（典型如“十字军”东征），更是过去 500 年欧洲全球扩张的路线图。不同教派之间也可以为宗教信仰而大打出手，这在 30 年战争中有典型表现。尽管政教分离在一定程度上改变了基督教文明圈的世界治理理念，但并未从根本上改变其文化基因与政治理念。这有助于我们清楚地理解和平、发展、安全和治理赤字的文化根源。与西方文明相反，中华文明则以和为贵，以天下大同作为理想愿景，合作而非消灭才是实现天下大同之道，“物之不齐，物之情也；或相倍蓰，或相什百，或相千万。子比而同之，是乱天下也”[⑨]。

---

① 全球发展倡议注重提升发展中国家的工业化程度，已经形成“中非民间投资促进平台”、《中国—拉共体成员国重点领域合作共同行动计划（2022—2024）》、“未来非洲—中非职业教育合作计划”等成果。

② 全球发展倡议注重创新驱动，如利用数字化科技发展数字经济，已形成创新农业金融、世界数字教育联盟等具体方向和成果。

③ 在互联互通方面，“智慧海关、智能边境、智享联通”的供应链互联互通已经成为全球发展倡议的重点成果。

④ 包括联合国在全球安全中发挥核心作用、世界卫生组织在全球公共卫生领域发挥关键作用等。

⑤ 包括以“东盟方式”、中东安全稳定五点倡议、非洲方式、《宣布拉美和加勒比为和平区的公告》解决各自区域的安全问题，关注太平洋岛国非传统安全问题，如气候变化导致海平面上升危及相关国家的安全等。

⑥ 包括核武器、化学武器、生物武器、常规武器军控等。

⑦ 包括信息安全的国际合作、生物安全风险管理、人工智能安全治理、外空领域国际合作等。

⑧ 王义桅 . 中国国际关系理论的三大迷思［J］. 美国研究，2022，36（4）：9-29.

⑨ 孟子［M］. 方勇，译注 . 北京：中华书局，2015：97.

三、结论与思考

新时代中国外交逐步形成了自己的体系，涵盖了从顶层设计到实现途径的不同层次与领域。人类命运共同体、伙伴外交、“一带一路”倡议、全球发展倡议和全球安全倡议是其中五大关键词。本文首先论述五大概念的起源与意义，接着剖析五大概念间的关系。人类命运共同体是新时代中国外交的核心理念和总目标，其他四个概念是其实现的具体路径：伙伴外交和“一带一路”倡议是实现人类命运共同体的两大抓手，伙伴外交侧重政治与安全领域，主要针对发达国家的外交。“一带一路”侧重经济与文化领域，主要针对发展中国家。生态领域是伙伴外交与“一带一路”共同关注的领域。全球发展倡议可以看作“一带一路”倡议在经济领域的升级版，全球安全倡议则是伙伴外交在安全领域的升级版。人类命运共同体的理念对伙伴外交和“一带一路”的发展具有指引作用。伙伴外交和“一带一路”倡议形成相互促进与补充的关系，共同为实现人类命运共同体的目标贡献力量。全球发展倡议和全球安全倡议有共性但也各有侧重点，共同为世界实现和平与发展贡献力量。“一带一路”倡议和伙伴外交是以中国为主导，同时兼顾其他国家利益的外交方略；全球发展倡议和全球安全倡议则是均衡兼顾中国与世界的和平与发展的外交方略，旨在推进人类命运共同体的构建。

亨廷顿曾提出“文明冲突论”，认为世界存在七种或者八种主要文明，包括西方文明、儒家文明、日本文明、伊斯兰文明、印度文明、斯拉夫—东正教文明、拉美文明和可能的非洲文明。未来最严重的冲突将发生在这些文明间的文化断层线上。[①] 我们反对把文明间的冲突当作文明间关系的主基调的观点，认为文明间的竞争与合作是常态，冲突只是局部现象。为此，各个文明都在强化自身认同，并对外构建基于文明相似程度的圈层外交。典型如美国，依据五眼联盟成员国、盟国、紧密伙伴国和一般伙伴国构建不同层级的合作机制，热衷于构建排他性的机制。莫迪当选印度总理以来，将印度教民族主义不断升级，甚至公然宣布废除《宪法》第 370 条，以使印度作为“印度教国家”更加“纯正”。在其推动通过的《公民法修正案》中，公然将穆斯林排除在可以获得印度国籍的群体外，而穆斯林占印度人口的 15%。强化与海外印度裔人口较多的国家关系。欧盟则开始限制移民，特别是来自信仰伊斯兰教国家的移民。土耳其在埃尔多安执政期间，搁置了加入欧盟的议程，将发展目标转向东方，并在 2021 年联合哈萨克斯坦、土库曼斯坦、乌兹别克斯坦、吉尔吉斯斯坦、阿塞拜疆五个中亚国家成立了“突厥国家组

---

① HUNTINGTON S.The Clash of Civilizations? [J] . Foreign Affairs，1993，72（3）：22-49.

织”，展示了土耳其以突厥语国家为范畴，构建新版奥斯曼帝国的战略。

中国有所不同，对内振兴传统文化，对外推广中国文化，并以中华文明为依归，致力于构建符合当今与未来国际形势的新礼治秩序。人类命运共同体、伙伴外交、“一带一路”倡议、全球发展倡议和全球安全倡议这五大概念是中国政府对传统礼治秩序进行现代性改造的重大成果，旨在推动多文明竞争时代的世界实现天下大同。

“印太战略”下美国东南亚政策调整的新趋向①

郑先武

【摘要】随着大国竞争的日益加剧和美国“印太战略”的迅速铺开，美国倾力打造的“印太区域架构”逐渐成形，而东南亚和东盟被置于“印太区域”的“支点”和“印太区域架构”的“核心”，并成为美国印太同盟和伙伴关系“网络化”联合体系的重要组成部分。这也引发了美国对东南亚及东盟政策进行“规范化”和“务实化”的调整。其具体体现是，美国主动推动其“印太战略”与《东盟印太展望》的“规范对接”和“议题对接”，亦即将美国推崇的民主、自由和人权等“共同的价值观”及“以规则为基础”的“多边主义主张”与东盟奉行的主权平等、不干涉、包容性、开放性和共识性决策等“东盟方式”规范框架融入美国—东盟全面战略伙伴关系和美国—湄公河伙伴关系等区域合作框架，并在东盟及东盟国家急需推进的互联互通、可持续发展和海上合作等核心议题上启动一系列务实的新区域倡议和新合作项目，并取得了一定的现实进展。但美国东南亚及东盟政策调整的这些新动议和新举措具有明显的排他性和针对性，尤其是其主导的“美式小多边”与倡导开放、包容和合作的“真正的多边主义”相悖，越来越显示出其“竞争性区域主义”的本质。

【关键词】东南亚政策；“印太战略”；美国；东盟；竞争性区域主义

近年来，在大国竞争背景下，处于核心地位的美中两国均将“塑造中国周边环境”作为一项至关重要的战略选择，其关键工具分别是众所周知的“印太战略”和“一带一路”倡议。鉴于东南亚所拥有的“印太”海陆十字路口的“硬地缘”和亚太区域架构中“东盟中心地位”的“软地缘”双重地缘政治优势，而该区域又是中国影响力投射的传

---

① 郑先武，南京大学国际关系研究院教授、博士生导师。本文系2022年度国家社会科学基金重点项目“东南亚次区域合作与区域格局演变研究”（立项批准号：22ASS004）和2022年度国家社会科学基金重大研究专项项目（立项批准号：22VMG032）的阶段性成果。

统优势区域，故东南亚成为两国“塑造中国周边环境”的重点区域及全球战略的优先方向。沈大伟认为，中美在印太区域的竞争在不同的次区域表现得并不均衡，而东南亚是“最不稳定和最具争议的区域”，具有“重要的战略属性和大国所觊觎的机遇”，已成为双方战略竞争政策关注的“中心地理焦点”。① 从美国一方看，其在“印太战略”框架内对东南亚政策进行新的调整。一方面，其“印太战略”的“规范化叙事”对东南亚区域定位不断明晰化和具象化，其核心体现就是从整体上将东南亚区域“身份地位化”，亦即从作为其“印太战略”叙事中“关键制度”的东盟及其所拥有的最优势社会资本“东盟方式”及“东盟中心地位”视角定义“东南亚身份”。这引发了美国“印太战略”框架内东南亚政策及制度设计中组织和程序规范的“东盟化”或“规范化”。另一方面，随着美国“印太战略”从单纯区域观照转向“全球—区域”一体化考量，其对“东南亚身份”定位呈现“网络化”趋向。“网络化”和“规范化”成为美国“印太战略”叙事中“东南亚身份”定位的两个核心。与此同时，美国对东南亚政策在具体举措上展现出明显的“务实化”发展态势。

本文基于美国政府的政策文件及美国国会的法律文件等文本分析，对大国竞争背景下美国东南亚政策调整中的“网络化”“规范化”“务实化”等发展趋向做出解读，并揭示其具有明显排他性的“竞争性区域主义”实质。

一、“印太战略”下美国东南亚政策的“网络化”定位

2017 年 11 月，美国总统特朗普在越南岘港举行的亚太经合组织工商峰会上首次提出“共享自由开放的印太愿景”。② 2017 年 12 月和 2018 年 1 月，特朗普政府相继出台了《美国国家安全战略》和《美国国防战略》，正式提出实施“美国优先”的国家安全和国防战略。这是美国政府在公开使用“竞争”界定美国所处的战略环境和予以应对的战略举措的基础上，首次在国家战略文件中公开使用“印太”取代“亚太”，并将“印太区域”置于美国“一体化区域战略”的首要位置。《美国国家安全战略》确定，美国将通过“重建美国的竞争性优势”“以实力维持和平”，来应对“一个竞争的世界”，其中首要的是来自中国和俄罗斯等国对美国权力、影响力和利益的挑战。而“从印度西海岸一直延伸到美国西海岸”的“印太区域”作为世界上人口最多、经济最具活力的区域，正在“自由和压制的世界秩序愿景”之间进行地缘政治竞争。为此，美国将通过

① SHAMBAUGH D.U.S.-China Rivalry in Southeast Asia：Power Shift or Competitive Coexistence? [J] . International Security，2018，42（4）：85-127.

② The White House. Remarks by President Trump at APEC CEO Summit [EB/OL] .（2017-11-10）[2024-03-01] . https://www.whitehouse.gov/briefings-statements/remarks-president-trump-apec-ceo-summit-da-nang-vietnam/.

“竞争性外交”维持与盟友和伙伴的坚定承诺和密切合作，以扩大美国的力量并保持有利的力量平衡。①《美国国防战略》进一步强调，国家间的战略竞争是当前美国国家安全的首要关切，而中国和俄罗斯作为“修正主义大国”希望塑造与它们的“威权模式”一致的世界，以获得对其他国家的经济、外交和安全决策的否决权，从而推动长期战略竞争的重现，并成为美国繁荣与安全面临的核心挑战。该文件明确将保持印太、欧洲、中东和西半球的区域力量平衡作为美国重要的国防战略目标，而“互惠互利的同盟和伙伴关系”对这一战略至关重要，因为它提供了任何竞争对手都无法比拟的持久、不对称的战略优势。为此，该文件强调，美国国防战略的“优先事项”是加强和拓展其“同盟和伙伴关系”，并使之成为一个能够威慑或采取果断行动应对我们这个时代共同挑战的“扩大的网络”，而“印太同盟和伙伴关系”拓展而成的“一个网络化安全架构”便是其首个构成要素。②

根据《美国国家安全战略》，菲律宾和泰国被界定为美国在东南亚的重要盟国和市场；越南、印度尼西亚、马来西亚和新加坡被认为正在成为美国日益增长的安全和经济伙伴；东盟被界定为“印太区域架构”的核心组成部分和促进“基于自由的秩序”的平台。该战略文件还强调，美国将重振与菲律宾和泰国的同盟关系，加强与新加坡、越南、印度尼西亚、马来西亚等国的伙伴关系，并助力它们成为海上合作伙伴。③ 2018年5月，在雅加达东盟秘书处举行的第九届美国—东盟联合合作委员会会议上，美国代表强调东盟在维护区域和平与稳定方面发挥着重要作用，并承诺致力于加强美国与东盟的关系，使东盟成为“美国自由开放的印太战略的合适的基石”。④ 2018年7月，时任美国国务卿蓬佩奥在美国商会主办的首届印太商务论坛上阐述美国政府“自由开放的印太”概念时称，在东南亚，美国是最大的累计外国投资来源国，超过了中国、日本和欧盟；由东南亚十国构成的“东盟共同体”既是世界上经济增长最快的地区，也是美国产品的主要买家。他将东盟称作“实际上的印太区域中心”，并强调东盟在美国提出的

① The White House.National Security Strategy of the United States of America[EB/OL].(2017-12-18)[2024-03-01]. https://trumpwhitehouse.archives.gov/wp-content/uploads/2017/12/NSS-Final-12-18-2017-0905-2.pdf.

② U.S.Department of Defense.Summary of the 2018 National Defense Strategy of the United States of America: Sharpening the American Military's Competitive Edge [EB/OL]. (2018-01-19)[2024-03-01]. https://dod.defense.gov/Portals/1/Documents/pubs/2018-National-Defense-Strategy-Summary.pdf.

③ The White House.National Security Strategy of the United States of America[EB/OL].(2017-12-18)[2024-03-01]. https://trumpwhitehouse.archives.gov/wp-content/uploads/2017/12/NSS-Final-12-18-2017-0905-2.pdf.

④ The ASEAN Secretariat.ASEAN, United States to Enhance Cooperation[EB/OL].(2018-05-05)[2024-03-01]. https://asean.org/asean-united-states-to-enhance-cooperation/.

“印太愿景”中扮演着“核心角色”。[①] 这表明，东南亚及东盟在美国的“印太战略”中一开始就占据十分重要的位置。美国政府承认东南亚的重要性意味着美国迈出了将该区域融入其“印太战略”的第一步。[②]

随着2019年6月和11月美国国防部和国务院先后发布《印太战略报告：准备、伙伴关系和促进网络化区域》和《自由开放的印太：推进共享愿景》两个正式的“印太战略”文件，以同盟和伙伴关系为支撑的“印太区域安全网络”渐显轮廓，其中的“东南亚身份”定位亦变得清晰。《印太战略报告：准备、伙伴关系和促进网络化区域》明确表示，美国持续支持在区域安全架构中的“东盟中心地位”，而美国“自由开放的印太战略”寻求进一步增强东盟的能力。在美国看来，东盟越是用一个声音说话，就越有能力维持一个免于强制的区域。该文件还将与各类“东盟中心”的区域制度作为其加强“印太区域制度”多边联系的“关键环节”，包括东亚峰会、东盟地区论坛、东盟防长扩大会议及美国—东盟防长会议等。该文件宣称，东亚峰会是该区域解决政治和安全挑战的“主要论坛”，东盟地区论坛称得上“一个真正的网络区域的理想平台”，因为它可以用于加强功能性多边合作，应对印太区域面临的一系列跨界传统和非传统安全挑战；而美国在东盟防长扩大会议中与东盟国家的“建设性联系”，既可以补充其在东亚峰会、东盟地区论坛及其他东盟机构中的工作努力，又可以增益美国与印太盟国和伙伴国的双边和三边关系。该文件对其与东盟国家的双边关系进行了不同的定位：与菲律宾和泰国“强化同盟”，与新加坡“强化伙伴关系”，与越南、印度尼西亚和马来西亚“拓展伙伴关系”，与文莱、老挝、柬埔寨“保持适度接触”。[③]

《自由开放的印太：推进共享愿景》明确强调，东盟位于印太地区的“地理中心”，是支撑美国“印太愿景”强有力的和“基于规则的架构”的“核心”，尤其是东盟就紧迫的政治和安全议题发出一个声音时最为有效，已成为区域政治和安全讨论的“中坚力量”。该报告还特别提及由柬埔寨、老挝、缅甸、泰国和越南构成的湄公河区域对美国是一个“重要区域”。[④]2019年8月，美国国务院决定强化美国与湄公河国家的伙伴关系，

---

① Pompeo M.America’s Indo-Pacific Economic Vision［EB/OL］.（2018-07-30）［2024-03-01］. https://2017-2021.state.gov/americas-indo-pacific-economic-vision/index.html.

② Parameswaran P. ASEAN’s Role in a U.S. Indo-Pacific Strategy［EB/OL］.（2018-09）［2024-03-01］. https://www.wilsoncenter.org/publication/aseans-role-us-indo-pacific-strategy.

③ U.S.Department of Defense.Indo-Pacific Strategy Report：Preparedness，Partnerships and Promoting a Networked Region［EB/OL］.（2019-06-01）［2024-03-01］. https://media.defense.gov/2019/jul/01/2002152311/-1/-1/1/department-of-defense-indo-pacific-strategy-report-2019.pdf.

④ U.S.Department of State.A Free and Open Indo-Pacific：Advancing a Shared Vision［EB/OL］.（2019-11-03）［2024-03-01］. https://www.state.gov/wp-content/uploads/2019/11/Free-and-Open-Indo-Pacific-4Nov2019.pdf.

并强调湄公河区域对美国具有重要的战略意义：该区域是美国"印太战略的一个重点"，也是美国与东盟交往的整体组成部分。① 因此，2020 年 9 月，美国与湄公河五国启动美国—湄公河伙伴关系，取代原有的湄公河下游倡议，并将之作为美国与东盟之间合作和支持的整体组成部分以及实现促进"印太区域合作共同愿景"的"必需要素"。②

拜登政府进一步强化了东南亚及东盟在美国"印太战略"中的角色地位。2021 年 4 月，美国众议院制定了《东南亚战略法案》，从法律层面确认了美国政府对东南亚的新定位和"东盟中心地位"及东盟主导的机制在不断发展中的印太区域制度架构中的重要性。该法案声称，东南亚是"印太区域的支点"，提供了连接东亚和南亚的地理和海洋纽带，作为区域性政府间组织的东盟，仍然是印太区域制度架构和美国对该区域外交政策的"核心"。法案重申其东南亚盟友和伙伴的安全和主权，包括一个强大、独立的东盟，对于印太区域繁荣与稳定至关重要。③2022 年 2 月—10 月，拜登政府相继出台了新的《美国印太战略》《美国国家安全战略》《美国国防战略》等核心战略文件，将中国视作美国"最具影响的地缘政治挑战"和未来数十年"最重要的竞争对手"以及既有意重塑国际秩序又日益拥有经济、外交、军事和技术实力的"唯一的竞争对手"，而美国与中国的竞争在印太最为明显。为此，美国将寻求"负责任地管理与中国的竞争"，并"恢复美国在印太的领导权"，其核心焦点在于与印太区域内外的盟友、伙伴和区域制度协调一致，在共同行动中构建新时期的集体能力，以在不改变中国的情况下塑造其运作的战略环境，在世界上建立一种最大限度地有利于美国及其盟友和伙伴的共同利益和价值观的影响力平衡。④ 基于此，新的美国"印太战略"重申东南亚和东盟是"印太区域架构的核心"，并支持"东盟中心地位"和东盟为应对本区域最紧迫挑战提供可持续解决方案的努力；将东盟称作"印太区域""首要的组织""引领性区域制度"；将美国与菲律宾、泰国、印度尼西亚、马来西亚、新加坡、越南的关系纳入其在"印太区域""最紧密的同盟和伙伴关系"，其中与菲律宾和泰国是"牢不可破的同盟"，印度尼

① U.S.Department of State.Strengthening the U.S.–Mekong Partnership [EB/OL].(2019–08–02) [2024–03–01]. https://2017–2021.state.gov/strengthening–the–u–s–mekong–partnership/index.html.

② The Mekong–U.S.Partnership. Mekong–U.S.Partnership Joint Ministerial Statement [EB/OL] . (2020–09–15) [2024–03–01] . https://mekonguspartnership.org/2020/09/15/mekong–u–s–partnership–joint–statement/.

③ House of Representatives.Southeast Asia Strategies Act [EB/OL] . (2021–04–19) [2024–03–01] . https://www.congress.gov/117/crec/2021/04/19/167/67/CREC–2021–04–19–pt1–PgH1944.pdf.

④ The White House.Indo–Pacific Strategy of the United States [EB/OL] . (2022–02–11) [2024–03–01] . https://www.whitehouse.gov/wp–content/uploads/2022/02/U.S.–Indo–Pacific–Strategy.pdf; The White House.National Security Strategy [EB/OL] . (2022–10–12) [2024–03–01] . https://www.whitehouse.gov/wp–content/uploads/2022/10/Biden–Harris–Administrations–National–Security–Strategy–10.2022.pdf; U.S.Department of Defense.The National Defense Strategy, the Nuclear Posture Review and the Missile Defense Review [EB/OL] . (2022–10–27) [2024–03–01] . https://media.defense.gov/2022/oct/27/2003103845/–1/–1/1/2022–national–defense–strategy–npr–mdr.pdf.

西亚、马来西亚、新加坡和越南四国则被定位为“引领性区域伙伴”。[①]

在这一背景下，拜登政府制定了一系列具体政策，旨在重塑“印太”多边双边体系，加速扩大和强化美国—东盟战略伙伴关系，积极投资美国与东南亚国家双边关系。2021 年 10 月，在第九届美国—东盟峰会上，拜登宣布扩大和深化美国—东盟战略伙伴关系，以展现其对东盟在美国“自由开放的印太愿景”中“核心角色”的坚定承诺，[②]并重申这一战略伙伴关系为维护区域和平、安全、稳定与繁荣发挥了重要作用，承诺通过现有东盟主导的机制维护“东盟中心地位”和团结。[③]2022 年 5 月，首次在华盛顿举行的美国—东盟特别峰会决定，双方以美国的“印太战略”和《东盟印太展望》的互补性目标为指导，于同年 11 月举行的第十届美国—东盟特别峰会上正式启动美国—东盟全面战略伙伴关系。这次峰会发布的《2022 年美国—东盟特别峰会联合愿景声明》承诺双方支持促进东盟次区域发展中的“东盟中心地位”和团结，并通过美国—湄公河伙伴关系、伊洛瓦底江—湄南河—湄公河经济合作战略、湄公河委员会、东盟—湄公河合作开发计划及其他现有湄公河合作机制的互补动议和协作行动，促进湄公河次区域的稳定、和平、繁荣和可持续发展。[④]

2022 年 11 月，在柬埔寨金边举行的第十届美国—东盟峰会上，双方通过了《美国—东盟关于建立美国—东盟全面战略伙伴关系领导人声明》，如期启动了美国—东盟全面战略伙伴关系，并重申坚定支持一个开放、透明、有弹性、包容和以规则为基础的“东盟中心”区域架构并将其置于“印太区域的核心”，促进东盟在解决共同关心的区域问题方面发挥强大、统一和建设性作用。[⑤]另外，美国政府明确将南海纳入其“印太

① The White House.Indo-Pacific Strategy of the United States［EB/OL］.（2022-02-11）［2024-03-01］. https://www.whitehouse.gov/wp-content/uploads/2022/02/U.S.-Indo-Pacific-Strategy.pdf.

② The White House.New Initiatives to Expand the U.S.-ASEAN Strategic Partnership［EB/OL］.（2021-10-26）［2024-03-01］. https://www.whitehouse.gov/?s=Fact+Sheet%3A+New+Initiatives+to+Expand+the+U.S.-ASEAN+Strategic+Partnership.

③ The Asean Secretariat.Chairman's Statement of the 9th ASEAN-U.S. Summit［EB/OL］.（2021-10-27）［2024-03-01］. https://asean.org/wp-content/uploads/2021/10/85.-Final-Chairmans-Statement-9th-ASEAN-US-Summit-As-of-27-Oct-2021.pdf.

④ The White House.U.S.-ASEAN Special Summit in Washington, DC［EB/OL］.（2022-05-12）［2024-03-01］. https://www.whitehouse.gov/briefing-room/statements-releases/2022/05/12/fact-sheet-u-s-asean-special-summit-in-washington-dc/; The White House.ASEAN-U.S.Special Summit 2022, Joint Vision Statement［EB/OL］.（2022-05-13）［2024-03-01］. https://www.whitehouse.gov/briefing-room/statements-releases/2022/05/13/asean-u-s-special-summit-2022-joint-vision-statement/.

⑤ The White House.ASEAN-U.S. Leaders' Statement on the Establishment of the ASEAN-U.S. Comprehensive Strategic Partnership［EB/OL］.（2022-11-12）［2024-03-01］. https://www.whitehouse.gov/briefing-room/statements-releases/2022/11/12/asean-u-s-leaders-statement-on-the-establishment-of-the-asean-u-s-comprehensive-strategic-partnership/.

战略”下的东南亚政策框架。2020 年 7 月，时任美国国务卿蓬佩奥发表了《美国关于南海海洋主张的立场》(简称《蓬佩奥声明》)，将南海称作“正在加强美国政策的一个至关重要和有争议区域的组成部分”，并声称美国政府“与许多长期以来支持基于规则的国际秩序的盟友和伙伴共享深刻而持久的利益”，并与其“东南亚盟友和伙伴站在一起，根据国际法规定的权利和义务，保护它们对近海资源的主权权利”。①

至此，在“印太战略”框架内，美国东南亚政策在调整中最终形成庞大的“网络化”双边多边体系，可以简要概括为“一二三四五六七联合体系”，与美国—东盟战略伙伴关系、东盟地区论坛、东亚峰会、东盟防长扩大会议、东盟海事扩大会议等“东盟中心”区域架构形成复杂的竞合关系。其中，“一”是指“印太合作框架”。主要包括 2022 年 5 月启动的“印太经济框架”，其首批成员包括印度尼西亚、马来西亚、新加坡、泰国、越南、文莱和菲律宾等 7 个东南亚国家；② 2022 年 4 月美国启动的“全球跨境隐私规则论坛”，为美国在数字领域的具体政策实施（“印太战略”与“印太经济框架”）提供了支持，菲律宾和新加坡等7个亚太经济合作组织成员参加了该论坛；③ 2022 年 7 月美国召集的“供应链部长级论坛”，旨在打造基于国际伙伴关系建设集体的、具有长期韧性的供应链，印度尼西亚和新加坡等 17 个经济体伙伴参加了该论坛。④ “二”是指美国同域内外国家组建的双边军事同盟或伙伴关系。包括与菲律宾和泰国的军事同盟；与印度尼西亚、马来西亚和越南的全面战略伙伴关系；与其他东南亚国家的伙伴关系等。“三”是指“三边安全架构”。主要包括美国、英国、澳大利亚三国组成的“三边安全伙伴关系”及美国、日本和韩国组成的“三边伙伴关系”。2021 年 9 月启动的美英澳“三边安全伙伴关系”成员虽不包括东南亚国家，但东南亚是其重点实施地理范围，自发起时便引起东南亚国家的密切关注与回应。⑤ 美日韩三国于 2022 年 11 月签署《关于印太美日韩三国伙伴关系的金边声明》，启动“三边伙伴关系”。该“三方合作架构”明确表示介入东南亚区域事务。2023 年 2 月，三国在华盛顿举行的“三边

① U.S.Department of State.U.S.Position on Maritime Claims in the South China Sea [EB/OL] . (2020-07-13) [2024-03-01] . https://2017-2021.state.gov/u-s-position-on-maritime-claims-in-the-south-china-sea/index.html.

② The White House.Statement on Indo-Pacific Economic Framework for Prosperity [EB/OL] . (2022-05-23) [2024-03-01] . https://www.whitehouse.gov/briefing-room/statements-releases/2022/05/23/statement-on-indo-pacific-economic-framework-for-prosperity/.

③ U.S.Department of Commerce.Global Cross-Border Privacy Rules Declaration [EB/OL] . (2022-05-09) [2024-03-01] . https://www.commerce.gov/global-cross-border-privacy-rules-declaration.

④ U.S.Department of State.U.S. Convenes Supply Chain Ministerial Forum [EB/OL] . (2022-07-19) [2024-03-01] . https://www.state.gov/u-s-convenes-supply-chain-ministerial-forum/.

⑤ CHOONG W, STOREY I.Southeast Asian Responses to AUKUS [EB/OL] . (2021-10-14) [2024-03-01] . https://www.iseas.edu.sg/wp-content/uploads/2021/09/ISEAS_Perspective_2021_134.pdf.

外长会议”上发布了联合声明，承诺三国基于对“东盟中心地位”和团结以及《东盟印太展望》的坚定支持，将与东盟伙伴密切协调，并在东盟主导的区域架构内应对各种区域挑战，包括气候变化、数字互联互通、安全、公共卫生以及可持续和包容性经济增长。双方还承诺在包括伊洛瓦底江—湄南河—湄公河经济合作战略和湄公河委员会在内的次区域合作框架内进一步加强合作，促进湄公河次区域的发展。① 此外，美日菲三国之间的“三边安全架构”也日益成形。2022 年 9 月，美日菲三国举行了首次“三边防务政策对话”；2022 年 12 月，三国举行了首次军方间的三方会议。2023 年 2 月，菲律宾总统马科斯在访问日本时表示，菲律宾将研究与美国和日本达成“三方协议”，以建立更“稳固的伙伴关系和同盟”。② “四”是指“四方安全对话”，又称“四方机制”。2022 年 5 月，美日印澳四方领导人在东京峰会上表示支持一项重要的海事倡议，即“印太海域态势感知伙伴关系”。该倡议实施范围覆盖太平洋、东南亚和印度洋地区国家，东南亚是重点区域。“四方机制”还建立了覆盖东南亚的人道主义援助和救灾机制及区域疫苗生产和分配机制，以加强其在该区域的合法性，并积极吸引新加坡、越南等东南亚国家打造“四方 +”模式。越南参加了与“四方机制”成员和其他伙伴有关的新冠疫情对话。③ “四方机制”领导人申明，四国“坚决支持东盟中心地位和团结，支持《东盟印太展望》”，并强调“致力于以务实和包容的方式与东盟及其成员国——印太区域的心脏——合作”。④ 新的美国“印太战略”明确表示，美国将与东盟合作，探讨“四方机制”与东盟合作的机会。⑤ “五”是指“五眼联盟”。美国对印太区域的兴趣使得“五眼联盟”将中国和东南亚作为监测重点区域。美国动员“五眼联盟”盟友澳大利亚和其他盟友伙伴与东南亚国家合作。“五眼联盟”亦是东盟在网络安

① U.S.Department of State.Joint Statement on the U.S.-Japan-Republic of Korea Trilateral Ministerial Meeting [EB/OL] . (2023-02-13) [2024-03-01] . https://www.state.gov/joint-statement-on-the-u-s-japan-republic-of-korea-trilateral-ministerial-meeting-2/.

② NEPOMUCENO P. U. S., PH, Japan Armies Bolster Defense Ties in 1st Trilateral Meet [EB/OL] .The Philippine News Agency, (2022-12-13) [2024-03-01] . https://www.pna.gov.ph/articles/1190628; TAMAYO B.Govt to Study Tripartite Pact with U. S. , Japan-Marcos [N/OL] .The Manila Times, (2023-02-12) [2024-03-01] . https://www.manilatimes.net/2023/02/12/news/govt-to-study-tripartite-pact-with-us-japan-marcos/1878372.

③ STROMSETH J.ASEAN and the Quad: Strategic Impasse or Avenue for Cooperation? [EB/OL] . (2021-09-23) [2024-03-01] . https://www.brookings.edu/blog/order-from-chaos/2021/09/23/asean-and-the-quad-strategic-impasse-or-avenue-for-cooperation/.

④ The White House.Joint Statement from Quad Leaders [EB/OL] . (2021-09-24) [2024-03-01] . https://www.whitehouse.gov/briefing-room/statements-releases/2021/09/24/joint-statement-from-quad-leaders/.

⑤ The White House.Indo-Pacific Strategy of the United States [EB/OL] . (2022-02-11) [2024-03-01] . https://www.whitehouse.gov/wp-content/uploads/2022/02/U.S.-Indo-Pacific-Strategy.pdf.

全治理领域的重要合作伙伴。① “六”是指“美国—湄公河伙伴关系”。“七”是指“七国集团”。拜登政府已使该集团合作议题关涉东南亚区域，并邀请东盟国家参会。2021年12月，在美国的鼓动下，七国集团外交会议首次邀请除缅甸外的其他所有东盟国家参会。2022年6月，七国集团峰会启动“全球基础设施和投资伙伴关系”，为东南亚—中东—西欧海底电缆项目和东南亚智能电力计划等基建项目进行融资。② 拜登政府不断强化与七国集团的合作，并将之作为“以联合方式应对中国不公平经济做法”的国际工具。③

美国东南亚政策调整中对东南亚及东盟的上述“网络化”定位为其东南亚政策的实施趋向“规范化”和“务实化”提供了战略支撑和机制平台。

二、“印太战略”下美国东南亚政策的“规范化”转型

美国的“印太战略”被界定为“基于规则的”“自由开放的”“印太秩序”，这就赋予其对东南亚政策“规范化”的特性。据特朗普政府发布的《印太战略报告》，这里的“基于规则”即有共同责任维护尊重各国家的主权和独立，和平解决争端，基于开放投资、透明协议和互联互通的自由、公平和互惠贸易，遵守包括航行和飞越自由在内的国际规则和规范等原则。“自由的印太”是指所有国家无论大小都能行使主权，不受其他国家强制；在国家层面，这意味着善治和保证公民能够享受其基本权利和自由。“开放的印太”是指促进该区域的可持续增长和互联互通；这意味着所有国家都能享有国际水域、航空、网络和太空领域的使用权，并能够寻求和平解决领土和海洋争端；在经济层面，这意味着公平互惠的贸易、开放的投资环境以及国家间透明的协议等。④

拜登政府发布的美国“印太战略”进一步将“自由开放的印太”界定为美国及其

① 唐小松，刘丹．“五眼联盟”转型对新西兰对华政策的影响［J］.国际展望，2021，13(4)：30-48；景丽娜，唐小松．“五眼联盟”与东盟网络安全治理合作的不对称性分析［J］.情报杂志，2023，42（1）：42-50.

② The White House.President Biden and G7 Leaders Formally Launch the Partnership for Global Infrastructure and Investment［EB/OL］.（2022-06-26）［2024-03-01］. https://www.whitehouse.gov/briefing-room/statements-releases/2022/06/26/fact-sheet-president-biden-and-g7-leaders-formally-launch-the-partnership-for-global-infrastructure-and-investment/.

③ The White House.The United States Continues to Strengthen Cooperation with G7 on 21st Century Challenges, including those Posed by the People's Republic of China（PRC）［EB/OL］.（2022-06-28）［2024-03-01］. https://www.whitehouse.gov/briefing-room/statements-releases/2022/06/28/fact-sheet-the-united-states-continues-to-strengthen-cooperation-with-g7-on-21st-century-challenges-including-those-posed-by-the-peoples-republic-of-china-prc/.

④ U.S.Department of Defense.Indo-Pacific Strategy Report：Preparedness, Partnerships and Promoting a Networked Region［EB/OL］.（2019-06-01）［2024-03-01］. https://media.defense.gov/2019/Jul/01/2002152311/-1/-1/1/department-of-defense-indo-pacific-strategy-report-2019.pdf.

最亲密的伙伴的关键利益，这需要各国政府根据国际法规定的义务做出自己的主权选择，而海洋、天空和其他共享领域都受到合法治理，包括支持开放社会，确保印太区域各政府能够在不受强制的情况下做出独立的政治选择，并通过投资于民主制度、新闻自由和充满活力的公民社会来实现这一目标；美国将支持信息和言论自由，抵制外国干涉；改进印太区域的财政透明度，揭露腐败，推动改革；通过外交接触、对外援助以及与区域组织合作，加强民主制度、法治和负责任的民主治理，并与合作伙伴一道对抗经济强制；确保该区域保持开放和可接入，并根据国际法管理和使用该区域的海洋和天空；为开放、互操作、可靠和安全的互联网提供支持；与合作伙伴协调，维护国际标准机构的完整性，促进基于共识、与价值观一致的技术标准；促进研究人员流动和开放获取科学数据，以开展前沿合作；落实网络空间负责任行为框架及其相关规范等。①

这种共同价值和规范诉求引发了美国东南亚政策调整中的“规范化”转型。这种“规范化”主要体现在三个层面，即宏观层面的价值导向的基本规范，如主权、公民权、人权、法治、发展权、和平与安全、不干涉等；中观和微观层面的规则导向的组织规范和标准规范，如主权平等、相互承认、共同但有区别的责任和国际选举监督等原则及各类条约、协定和公约所规定的应履行的具体规则和投票权、特定多数、全体一致决定、比例代表制等选举或决策程序等。② 在其东南亚政策的具体实施中，这种“规范化”既有自身规范诉求的坚守，又有主动的“规范地方化适用”。后者主要体现在其“印太战略”与《东盟印太展望》的“规范对接”。特朗普政府发布的《印太战略报告》表示，美国和东盟拥有“共同价值观”，东盟是促进美国“印太战略”所体现的价值观和政策的“关键伙伴”，包括海洋自由、市场经济、善治、尊重基于清晰透明规则的秩序等；东盟国家相互支持，维护区域内国家的自由、主权和领土完整，这种凝聚力加强了东盟的声音。该文件还强调美国尊重东盟“以共识为基础”的决策模式。③2019 年 7 月初，《东盟印太展望》出台不久，美国国务院便发表声明称：“《东盟印太展望》所体现的原则——包容性、开放性及以法治、善治和尊重国际法为基础的区域——与美国自由开

① The White House.Indo-Pacific Strategy of the United States［EB/OL］.（2022-02-11）［2024-03-01］. https://www.whitehouse.gov/wp-content/uploads/2022/02/U.S.-Indo-Pacific-Strategy.pdf.

② WIENER A.Norm（ative）Change in International Relations：A Conceptual Framework［G］.KFG Working Paper Series，2020，44：14-16；WIENER A.A Theory of Contestation［M］.New York：Springer，2014：36-39.

③ U.S.Department of Defense.Indo-Pacific Strategy Report：Preparedness, Partnerships and Promoting a Networked Region［EB/OL］.（2019-06-01）［2024-03-01］. https://media.defense.gov/2019/jul/01/2002152311/-1/-1/1/department-of-defense-indo-pacific-strategy-report-2019.pdf.

放的印太愿景以及我们的盟友、伙伴和朋友们的区域方法之间有着强烈的趋同性。”① 随后，美国国务院发布的《自由开放的印太：推进共同愿景》重申：“《东盟印太展望》所体现的原则——包容性、开放性、善治和尊重国际法为基础的区域——与美国自由开放的印太愿景以及我们的盟友、伙伴和朋友们的区域方法之间有着明显的趋同性。”②

这些“规范表达”已纳入《2022 年美国—东盟特别峰会联合愿景声明》和《美国—东盟关于建立美国—东盟全面战略伙伴关系领导人声明》美国与东盟关系新的核心文件，并得到美国国会的法律支持。两个文件一致表示，“注意到《东盟印太展望》和美国‘印太战略’在促进以东盟为核心的开放、包容和基于规则的区域架构方面，与拥有这些共同目标的伙伴共享相关基本原则”；《美国—东盟关于建立美国—东盟全面战略伙伴关系领导人声明》还宣称，“坚持《联合国宪章》、《东盟宪章》、《和平、自由和中立区宣言》、《东南亚友好合作条约》、1982 年《联合国海洋法公约》、《东南亚无核武器区条约》和《东盟印太展望》所载的关键原则、共同价值观和规范的重要性”。③2022 年 5 月，美国参众两院先后通过决议表示支持东盟及其成员国和美国—东盟特别峰会，并重申美国承诺继续成为东盟区域及东盟在印太区域的“一个强大、可靠和积极的伙伴”。为此，两个决议表示，鼓励美国总统与东盟及东盟领导人沟通和合作，促进法治、开放透明的政府、加强公民社会、保护人权等“价值观议题”，包括释放政治犯、停止出于政治动机的起诉和任意杀戮、保障新闻自由、集会自由、宗教自由、言论和表达自由等，并支持东盟各组织通过东盟—美国国际开发署的前景项目与东南亚反腐败缔约方合作，解决公共和私营部门腐败问题等。④

在“印太战略”和《东盟印太展望》的“规范对接”下，美国政府就东盟和东盟国家密切关注的南海问题和缅甸问题两个热点问题阐明立场。关于南海问题，《蓬佩奥声

① U.S.Department of State.The United States Welcomes “the ASEAN Outlook on the Indo-Pacific” [EB/OL].(2019-07-02) [2024-03-01] . https://2017-2021.state.gov/the-united-states-welcomes-the-asean-outlook-on-the-indo-pacific/index.html.

② U.S.Department of State.A Free and Open Indo-Pacific：Advancing a Shared Vision [EB/OL] . (2019-11-03) [2024-03-01] . https://www.state.gov/wp-content/uploads/2019/11/Free-and-Open-Indo-Pacific-4Nov2019.pdf.

③ The White House.ASEAN-U.S. Special Summit 2022, Joint Vision Statement [EB/OL]. (2022-05-13) [2024-03-01] . https://www.whitehouse.gov/briefing-room/statements-releases/2022/05/13/asean-u-s-special-summit-2022-joint-vision-statement/; The White House.ASEAN-U.S. Leaders' Statement on the Establishment of the ASEAN-U.S. Comprehensive Strategic Partnership [EB/OL] . (2022-11-12) [2024-03-01] . https://www.whitehouse.gov/briefing-room/statements-releases/2022/11/12/asean-u-s-leaders-statement-on-the-establishment-of-the-asean-u-s-comprehensive-strategic-partnership/.

④ The Senate of the United States.S.Res.616 -117th Congress (2021-2022) [EB/OL]. (2022-05-05) [2024-03-01] . https://www.congress.gov/117/bills/sres616/BILLS-117sres616is.pdf; The House of Representatives.H.Res.1106-117th Congress (2021-2022) [EB/OL] . (2022-05-11) [2024-03-01] . https://www.congress.gov/117/bills/hres1106/BILLS-117hres1106ih.pdf.

明》首次公开为“南海仲裁”裁决背书，明确反对中国的南海权利主张，声称“以符合国际法的方式维护海洋自由，保持商业畅通无阻，反对任何国家使用胁迫或武力解决争端”。①《美国—东盟关于建立美国—东盟全面战略伙伴关系领导人声明》进一步表明了美国与东盟国家更广泛的海上合作共同原则，如根据公认的国际法原则，包括 1982 年《联合国海洋法公约》，通过东盟主导的机制促进海事合作，维护航行和飞越自由，和平解决争端，并促进相关机构包括海事执法机构之间的合作与协调，以合作提高对海洋领域的认识、搜索和救援、海洋环境的保护、恢复和可持续管理、海事安全、安保和教育，并促进可持续和负责任的渔业，包括与东盟打击非法、无管制和未报告的捕捞网络动议的可能合作等。②

2021 年 1 月底，缅甸国防军接管国家政权引发新一轮缅甸政局动荡（以下简称缅甸问题），美国政府随即申明，其“坚决支持缅甸的民主体制”并与“区域伙伴协调，敦促军方和所有其他各方遵守民主规范和法治”。③2 月 1 日，拜登就美国政府对缅甸问题的反应发表讲话，重申美国政府将与“该区域和全世界的伙伴合作，支持恢复民主和法治”。④2001 年 4 月 24 日，东盟领导人特别会议就缅甸问题达成“五点共识”，美国政府公开表示予以支持。8 月 3 日—6 日，东盟外长与其外部对话伙伴举行的东盟“10+1”外长后续会议、第 11 届东亚峰会外长会和第 28 届东盟地区论坛均讨论了缅甸的最近事态发展，并欢迎东盟领导人特别会议达成的“五点共识”。在这些会议上，美国与中国、日本、俄罗斯、韩国、印度、澳大利亚、加拿大、新西兰、欧盟等东盟外部对话伙伴均表示，继续支持东盟全面落实“五点共识”，包括各方应立即停止暴力活动，保持最大限度的克制，并应开展建设性对话，从人民利益出发，寻求以和平方式解决问

① U.S.Department of State.U.S.Position on Maritime Claims in the South China Sea［EB/OL］.（2020-07-13）［2024-03-01］. https://2017-2021.state.gov/u-s-position-on-maritime-claims-in-the-south-china-sea/index.html.

② The White House.ASEAN-U.S.Special Summit 2022, Joint Vision Statement［EB/OL］.（2022-05-13）［2024-03-01］. https://www.whitehouse.gov/briefing-room/statements-releases/2022/05/13/asean-u-s-special-summit-2022-joint-vision-statement/; The White House.ASEAN-U.S. Leaders' Statement on the Establishment of the ASEAN-U.S. Comprehensive Strategic Partnership［EB/OL］.（2022-11-12）［2024-03-01］. https://www.whitehouse.gov/briefing-room/statements-releases/2022/11/12/asean-u-s-leaders-statement-on-the-establishment-of-the-asean-u-s-comprehensive-strategic-partnership/.

③ The White House.Statement by White House Spokesperson Jen Psaki on Burma［EB/OL］.（2021-01-31）［2024-03-01］. https://www.whitehouse.gov/briefing-room/statements-releases/2021/01/31/statement-by-white-house-spokesperson-jen-psaki-on-burma/.

④ The White House.Statement by President Joseph R. Biden, Jr. on the Situation in Burma［EB/OL］.（2021-02-01）［2024-03-01］. https://www.whitehouse.gov/briefing-room/statements-releases/2021/02/01/statement-by-president-joseph-r-biden-jr-on-the-situation-in-burma/.

题等。[①]

2021 年 3 月和 2022 年 4 月，美国国会先后通过《缅甸法案》和《2022 年缅甸通过严格军事问责实现统一法案》（又称《2022 年缅甸法案》），支持缅甸实现民主过渡。前者表示，美国与东盟和东盟成员国接触，以通过整个东南亚促进缅甸恢复民主过渡和民主价值观，并支持“印太区域架构”中的“东盟中心地位”。后者表示，美国奉行有针对性的接触战略，可以支持建立一个和平、繁荣和民主的缅甸，其中包括尊重所有个人的人权，无论其种族和宗教；支持宪法改革，确保文官治理和对军队的监督；协助建立一个完全民主、文官领导、包容和有代表性的政治制度，包括自由、公正、可信和民主的选举，可以让所有缅甸人民，包括所有少数民族和宗教少数群体，都能参与各级政治进程，包括投票权和竞选公职的权利；支持法律改革，确保保护缅甸所有人的公民权利和政治权利，包括改革将行使人权和基本自由定为犯罪的法律，加强对人权包括宗教或信仰自由的尊重和保护等。[②]

美国政府还通过七国集团、“四方机制”、美国—东盟峰会和东亚峰会等支持东盟的“五点共识”。2021 年 6 月 13 日，美国与七国集团领导人发表联合公报宣称，保证支持和平，倡导稳定和包容性民主，尊重东盟的核心作用，欢迎其“五点共识”，并敦促迅速履行。[③]9 月 21 日，美日澳印四国领导人在东京举行首次面对面会晤后发布的《四方领导人联合声明》继续呼吁结束缅甸的暴力，释放包括外国人在内的所有政治犯，开展建设性对话，早日恢复民主，并呼吁紧急执行东盟“五点共识”。[④]在 2021 年 10 月举行的第九届美国—东盟峰会和第 16 届东亚峰会以及 2022 年 11 月举行的第十届美国—东盟峰会和第 17 届东亚峰会上，美国与东盟及东亚峰会各方共同呼吁缅甸履行其对东

① The ASEAN Secretariat.Joint Communiqué of the 54th ASEAN Foreign Ministers'Meeting［EB/OL］.（2021-08-04）［2024-03-01］. https://asean.org/wp-content/uploads/2021/08/Joint-Communique-of-the-54th-ASEAN-Foreign-Ministers-Meeting-FINAL.pdf; The ASEAN Secretariat. Chairman's Statement of the ASEAN Post Ministerial Conference（PMC）10+1 Sessions with the Dialogue Partners［EB/OL］.（2021-08-03）［2024-03-01］. https://asean.org/wp-content/uploads/2021/08/Final-Chairmans-Statement-of-the-ASEAN-Post-Ministerial-Conference-101-with-the-Dialogue-Partners-1.pdf; The ASEAN Secretariat.Chairman's Statement of the 28th ASEAN Regional Forum［EB/OL］.（2021-08-09）［2024-03-01］. https://asean.org/wp-content/uploads/2021/08/Final-Chairmans-Statement-of-the-28th-ARF.pdf.

② The Senate of the United States.H.R.1112-Protect Democracy in Burma Act of 2021［EB/OL］.［2021-03-22］. https://www.congress.gov/117/bills/hr1112/BILLS-117hr1112rfs.pdf; The Senate of the United States.H.R.5497-Burma Act of 2022［EB/OL］.（2022-04-07）［2024-03-01］. https://www.congress.gov/117/bills/hr1112/BILLS-117hr1112rfs.pdf.

③ The White House.Carbis Bay G7 Summit Communiqué［EB/OL］.（2021-06-13）［2024-03-01］. https://www.whitehouse.gov/briefing-room/statements-releases/2021/06/13/carbis-bay-g7-summit-communique/.

④ The White House.Joint Statement from Quad Leaders［EB/OL］.（2021-09-24）［2024-03-01］. https://www.whitehouse.gov/?s=Joint+Statement+from+Quad+Leaders.

盟领导人会议“五点共识”的承诺。[①] 在第 17 届东亚峰会上，拜登还强调必须采取进一步行动，对缅甸军政府施加更大压力，以落实“五点共识”，为“重返民主之路”创造条件。[②]

值得特别注意的是，美国启动美国—湄公河伙伴关系后便开始在该合作框架内推进“东盟中心地位”的基本原则，包括开放、透明、善治、平等、共识、互利、尊重主权、不干涉、法治、尊重国际法、包容性和基于规则的框架及尊重成员国的国内法律法规等，以使美国的“印太愿景”与《东盟印太展望》保持一致。[③] 由此，“东盟方式”的规范原则率先纳入域外国家主导的湄公河区域机制。这意味着，在湄公河次区域治理进程中，大国竞争性区域治理机制间的规范竞争成为“东盟中心地位”重塑的重要驱动力量。这反过来会进一步推动澜湄区域治理规范框架的“东盟化”进程。

三、“印太战略”下美国东南亚政策的“务实化”趋向

从国家安全和对外关系角度来看，特朗普政府推出“印太战略”的初衷是“以强力保和平”，并提升美国影响力，具体措施就是与盟友、伙伴和区域组织一道投资新资源、启动新项目，以重建美国竞争性优势和军事、防务工业基础、核力量、太空及网络空间、情报等能力。[④] 拜登政府新的“印太战略”将优先目标细化为打造一个“自由开放、联通、繁荣和安全的印太区域”。与此相适应，特朗普政府和拜登政府确定了核心的行动计划。主要有向印太地区投入新资源，如外交援助、经济援助、安全援助、健康和气候韧性、区域能力建设等；推动印太经济繁荣，如启动“印太经济框架”和清洁能源计划等；加强威慑力，如启动“印太海域感知伙伴关系”及海上合作、增强防务合作和美国海岸警卫队存在等；支持善治和问责制，如保护人权和民主韧性、支持边缘化人群和缅甸民主进程等；支持开放、韧性、安全和可信的技术，包括网络安全合作与能力建设

① The ASEAN Secretariat.Chairman’s Statement of the 9th ASEAN-U.S. Summit[EB/OL].(2021-10-27)[2024-03-01].https://asean.org/wp-content/uploads/2021/10/85.-Final-Chairmans-Statement-9th-ASEAN-US-Summit-As-of-27-Oct-2021.pdf; The ASEAN Secretariat.Chairman’s Statement of the 16th East Asia Summit[EB/OL].(2021-10-28)[2024-03-01].https://asean.org/wp-content/uploads/2021/10/96.-FINAL-Chairmans-Statement-of-the-16th-East-Asia-Summit-on-27-October-2021.pdf.

② The White House.Readout of President Joe Biden’s Participation in the East Asia Summit[EB/OL].(2022-11-13)[2024-03-01].https://www.whitehouse.gov/briefing-room/statements-releases/2022/11/13/readout-of-president-joe-bidens-participation-in-the-east-asia-summit/.

③ The Mekong-U.S.Partnership.Mekong-U.S.Partnership Joint Ministerial Statement[EB/OL].(2020-09-15)[2024-03-01].https://mekonguspartnership.org/2020/09/15/mekong-u-s-partnership-joint-statement/.

④ U.S.Department of Defense.Indo-Pacific Strategy Report: Preparedness, Partnerships and Promoting a Networked Region[EB/OL].(2019-06-01)[2024-03-01].https://media.defense.gov/2019/jul/01/2002152311/-1/-1/1/department-of-defense-indo-pacific-strategy-report-2019.pdf.

等；强化自主和统一的东盟，如启动美国—东盟全面战略伙伴关系、举行美国—东盟特别峰会、支持东盟单一窗口、扩大海上合作和支持教育准入等。① 这些行动计划及其落实行动推动了“印太战略”下美国东南亚政策“务实化”发展。

在“印太战略”下，美国东南亚政策“务实化”主要体现在上述行动计划与《东盟印太展望》的“议题对接”，亦即美国政府对《东盟印太展望》框架内东盟区域动议的支持和参与。主要是经济—发展、政治—安全和社会—文化等方面的核心议题。特朗普政府制定的《自由开放的印太：推进共享愿景》确定，美国支持东盟为确保所有印太国家在决定该区域未来拥有平等的利益方面所做的努力，主要包括提供技术援助，加强东盟国家能源部门能力建设；促进网络安全和数字贸易的共同发展；为中小型企业创造机会；鼓励妇女和青年创新创业者；降低商业成本和简化贸易，支持东盟经济共同体；发展美国—东盟城市新伙伴关系，推动交通和水安全管理智能化等。② 基于此，2019 年 11 月举行的第七届美国—东盟峰会确定推进美国—东盟务实合作的具体措施，主要包括加强区域互联互通建设，支持落实《东盟互联互通总体规划 2025》，加强东盟共同体建设，如推进美国—东盟智慧城市伙伴计划等；推进美国—东盟政治—安全及社会—文化共同体区域优化伙伴关系，支持东盟政府间人权委员会的工作；实施促进人力资源开发、加强民间联系、增强妇女和青年权能的倡议，如东南亚青年领袖倡议、富布赖特美国—东盟访问学者倡议、富布赖特东盟研究项目、美国—东盟实习项目、东盟青年志愿者计划和美国—东盟女性科学奖等。③2020 年 4 月，为应对新冠疫情危机，美国政府决定启动“美国—东盟健康未来”倡议，为东盟国家抗击新冠疫情提供 3530 万美元的紧急资金，并与东盟国家一道开展联合保健研究、加强健康系统能力建设和推进健康人力资源开发等。在该倡议下，美国政府决定成立“美国—东盟健康未来校友网络”，以联络 2400 名东盟医疗及公共卫生访问学者和项目校友，分享最佳实践。④

2020 年 9 月，为切实履行美国—东盟峰会确定的务实合作，推动“印太战略”与

---

① The White House.Indo-Pacific Strategy of the United States [EB/OL] . (2022-02-11) [2024-03-01] . https://www.whitehouse.gov/wp-content/uploads/2022/02/U.S.-Indo-Pacific-Strategy.pdf; U.S.Department of State.Marking One Year Since the Release of the Administration’s Indo-Pacific Strategy [EB/OL] . (2023-02-13) [2024-03-01] . https://www.state.gov/marking-one-year-since-the-release-of-the-administrations-indo-pacific-strategy/.

② U.S.Department of State.A Free and Open Indo-Pacific：Advancing a Shared Vision [EB/OL] . (2019-11-03) [2024-03-01] . https://www.state.gov/wp-content/uploads/2019/11/Free-and-Open-Indo-Pacific-4Nov2019.pdf.

③ The ASEAN Secretariat.Chairman’s Statement of the 7th ASEAN-United States Summit [EB/OL] . (2019-11-05) [2024-03-01] . https://asean.org/wp-content/uploads/2019/11/FINAL-Chairmans-Statement-of-the-7th-ASEAN-US-Summit.pdf.

④ U.S.Mission To ASEAN.U.S.-ASEAN Health Futures [EB/OL] . (2020-04-23) [2024-03-01] . https://asean.usmission.gov/u-s-asean-health-futures/.

《东盟印太展望》的“议题对接”，双方制定了《美国—东盟战略伙伴关系实施行动计划（2021—2025）》，强化互联互通、可持续发展和海上合作等核心领域的合作。①为此，美国启动了一系列重大合作动议。2020年9月，在美国—东盟外长会议上，双方签署了《美国国际开发署—东盟区域发展协定》，确定美国在未来5年内提供5000万美元资金，用于支持东盟的区域发展计划，包括支持“东盟突发公共卫生事件协调系统”、改进美国—东盟5G技术合作、扩大“东盟单一窗口”贸易平台等。该协定是美国国际开发署与东盟间的首个区域发展协定，被美国视作40年来美国—东盟合作的“重要里程碑”。②同月，在新启动的美国—湄公河伙伴关系框架内，双方承诺扩大在湄公河领域的合作，主要包括经济互联互通；可持续水资源、自然资源管理和环境养护与保护；非传统安全领域的合作，如卫生安全、大流行应对、打击跨国犯罪、网络安全、打击非法贩运人口、毒品、受限制和濒危野生动植物、木材等；人力资源开发，如教育和妇女赋权。美国宣布，提供600万美元用于推进双方湄公河区域合作的新举措和新项目，主要包括在美国国际开发金融公司已经在东南亚投资10亿美元的基础上，再投资数十亿美元用于湄公河基础设施改善；协调扩大救灾演习和参与；承诺与澳大利亚一道，提供5500万美元的新资金，支持湄公河区域国家打击跨国犯罪；提供180万美元的新资金，支持湄公河委员会及其加强和扩大获取水资源数据的目标等。③11月，在第八届美国—东盟峰会上，美国承诺向东盟国家提供超过8700万美元的与新冠疫情相关的援助，并决定通过“美国—东盟健康未来校友网络”等支持推进“东盟突发公共卫生事件协调系统”计划。④会上，美国还决定启动“亿万未来”倡议，承诺投资逾35亿美元，用于与东盟国家协同实现“共享健康目标”，主要包括“十亿未来学者框架”；缅甸的林肯奖学金项目；创建越南富布赖特大学东南亚青年领袖倡议研究院；创建美国—东盟感染预防及控制工作组；美国打击犯罪计划；美国—东盟智能城市伙伴关系等。⑤

① The ASEAN Secretariat.Plan of Action to Implement the ASEAN-United States Strategic Partnership（2021-2025）[EB/OL].（2020-09-10）[2024-03-01]. https://asean.org/asean2020/wp-content/uploads/2021/03/15.-ASEAN-US-Plan-of-Action-2021-2025-Final.pdf.

② U.S.Mission To ASEAN.USAID and ASEAN Sign Inaugural Regional Development Cooperation Agreement[EB/OL].（2020-09-10）[2024-03-01]. https://asean.usmission.gov/usaid-and-asean-sign-inaugural-regional-development-cooperation-agreement.

③ U.S.Department of State.Mekong-U.S.Partnership Joint Ministerial Statement[EB/OL].（2020-09-15）[2024-03-01]. https://2017-2021.state.gov/mekong-u-s-partnership-joint-ministerial-statement/index.html.

④ The ASEAN Secretariat.Chairman's Statement of the 8th ASEAN-United States Summit[EB/OL].（2020-11-14）[2024-03-01]. https://asean.org/wp-content/uploads/2021/09/chairmans_statement_of_the_8th_asean-united_states_summit.pdf.

⑤ U.S.Mission To ASEAN.United States and ASEAN：A Billion Futures Across the Indo-Pacific[EB/OL].（2020-11-14）[2024-03-01]. https://asean.usmission.gov/united-states-and-asean-a-billion-futures-across-the-indo-pacific.

拜登政府执政后不断推出美国—东盟务实合作新举措和新行动，以深化和拓展美国—东盟战略伙伴关系。2021 年 8 月，美国政府宣布，为促进《东盟印太展望》海上合作，与东盟共同“提升海域态势感知”，并支持一项关于东南亚贩运和强迫劳动以及非法、未报告和无管制捕鱼的区域研究。①2021 年 10 月，在第九届美国—东盟峰会上，拜登宣布将提供 1.02 亿美元资金，支持扩大美国—东盟战略伙伴关系的新举措。除了分别提供 4000 万美元和 2150 万美元继续支持“美国—东盟健康未来”和“亿万未来”倡议外，还将分别提供2050万美元和2000万美元资金支持新的“美国—东盟气候未来”和“美国—东盟经济未来”倡议。“美国—东盟气候未来”倡议旨在应对气候危机，并实现将全球变暖限制在 1.5 摄氏度以内的紧迫目标。其具体举措包括美国—东盟气候行动计划；美国国际开发署清洁空气催化剂计划；美国国际开发署新的亚洲可持续渔业项目；智能交通亚洲项目；智慧城市商业创新基金；等等。“美国—东盟经济未来”倡议旨在支持美国—东盟在贸易和创新方面的合作，包括扩大美国国际开发署对“东盟单一窗口”支持和启动美国—东盟科技创新合作项目等。②

2022 年 5 月，美国—东盟特别峰会决定启动美国—东盟全面战略伙伴关系，双方的务实合作再次提速。美国政府决定，美国和东盟将以美国“印太战略”和《东盟印太展望》“互补性目标”为指导，开创一个新的伙伴关系时代。会上，拜登宣布，提供超过 1.5 亿美元资金支持并将动员数十亿美元的私人融资，用于深化与东盟的关系，提高东盟应对紧迫区域挑战的能力。拜登政府的“2023 财年预算请求”中拟为东盟伙伴国提供 8 亿多美元的双边援助及 2500 多万美元的资金。为此，美国政府决定启动一批新倡议和新项目。在加速气候行动和可持续发展方面，为了支持“美国—东盟气候未来”和“美国—东盟经济未来”倡议，美国政府将通过东南亚智能电力计划设立投资清洁能源基础设施项目、启动“美国—东盟森林未来”倡议和美国—东盟气候解决方案中心、创建美国—东盟交通对话伙伴关系和美国—东盟保护区保护联盟、启动气候智能型基础设施的投资促进和减少甲烷排放项目及信风商业论坛等。在支持教育和文化交流方面，美国政府将每年提供超过 7000 万美元，启动约翰·霍普金斯大学高级国际研究学院、美国—东盟明日领袖学院创建和东南亚青年领袖倡议扩大青年参与项目及十亿未来奖学金、美国—东盟大学联系、富布赖特东盟学者等高等教育合作项目。在扩大海上合作方

① U.S.Department of State.U.S.Support for the ASEAN Outlook on the Indo-Pacific［EB/OL］.（2021-08-04）［2024-03-01］. https://www.state.gov/u-s-support-for-the-asean-outlook-on-the-indo-pacific/.

② The White House.New Initiatives to Expand the U.S.-ASEAN Strategic Partnership［EB/OL］.（2021-10-26）［2024-03-01］. https://www.whitehouse.gov/?s=Fact+Sheet%3A+New+Initiatives+to+Expand+the+U.S.-ASEAN+Strategic+Partnership.

面，美国政府宣布投资6000万美元启动新的区域海事项目，其中大部分将由美国海岸警卫队牵头，以支持实施“《东盟印太展望》的海洋支柱”。主要有扩大美国海岸警卫队资产分配和人员部署；协助东盟国家打击非法及未报告和无管制捕鱼；启动“印太支援平台”及东南亚培训团队和应急培训等项目。①

在上述新举措和新项目的基础上，2022年11月举行的第十届美国—东盟峰会上，拜登宣布，在促进东盟互联互通、可持续发展和经济合作等方面推出一系列新倡议和新项目。在促进东盟互联互通方面，主要有美国—东盟电动汽车倡议，作为美国—东盟交通对话伙伴关系的旗舰倡议；美国—东盟基础设施和互联互通平台，由美国全球基础设施和投资伙伴关系予以支持；新兴国防领袖计划，每年投资约1000万美元，启动和支持东南亚新兴国防领袖的新网络。在促进东盟可持续发展方面，主要有粮食安全和获得清洁用水项目，在整个东南亚投资5700万美元的新项目，以促进粮食安全和确保获得清洁水；韧性健康供应链项目，投资7500万美元加强东南亚的医疗保健系统和建设韧性健康供应链；东盟疫情突发卫生事件和新发疾病中心；美国—东盟关于残疾人权利的对话；东盟气候变化中心；东盟妇女、和平与安全区域行动计划等。在促进经济合作方面，主要有美国国际发展金融公司支持女企业家项目，向东南亚金融机构投资2.15亿美元贷款，以支持女企业家和女性拥有的中小型企业发展；美国贸易和发展署投资可持续基础设施项目，启动1300万美元的新基础设施项目准备计划，旨在促进东南亚地区价值超过70亿美元的高质量可持续基础设施项目的融资；美国商务部数字经济与数字贸易标准项目，加强东盟的数字贸易生态系统建设，增强区域互联互通；美国国际开发署东盟中小企业学院2.0项目，扩大对东盟地区中小企业的支持，以加快新冠疫情后的经济复苏，解决生活费用上涨的问题等。②

美国东南亚及东盟政策“议题对接”中的“务实化”趋向显示出其“印太战略”下应对大国竞争举措的目标性、选择性和持续性。

四、结语

在大国竞争的背景下，美国对东南亚及东盟的身份和政策定位日益呈现“网络化”

① The White House.U.S.-ASEAN Special Summit in Washington, DC [EB/OL]. (2022-05-12) [2024-03-01]. https://www.whitehouse.gov/briefing-room/statements-releases/2022/05/12/fact-sheet-u-s-asean-special-summit-in-washington-dc/.

② The White House.President Biden and ASEAN Leaders Launch the U.S.-ASEAN Comprehensive Strategic Partnership [EB/OL]. (2022-11-12) [2024-03-01]. https://www.whitehouse.gov/briefing-room/statements-releases/2022/11/12/fact-sheet-president-biden-and-asean-leaders-launch-the-u-s-asean-comprehensive-strategic-partnership/.

趋向，并将之定位于演变中的“印太区域架构”及美国印太同盟和伙伴关系的“核心”，成为美国“印太战略”推进的重要抓手，并构成美国全球战略的重要一环。在具体的政策实施中，美国根据自身的国家安全和国防战略及国家利益要求，并结合东盟及东南亚国家的区域战略及利益需求，与之进行选择性的“规范对接”和“议题对接”，从而推动了其对东南亚政策及其具体举措的“规范化”和“务实化”，且得到了东盟及东南亚国家的部分积极回应。尤其是美国“印太战略”与《东盟印太展望》的部分“规范对接”和“议题对接”已纳入美国—东盟全面战略伙伴关系和美国—湄公河伙伴关系框架，并在“东盟方式”跨区域扩散和“东盟中心地位”的外部重塑及互联互通、可持续发展和海上合作等核心议题领域的务实合作上取得重要进展。2023 年 2 月，美国国务院公布的《拜登政府印太战略发布一周年标志》报告将“为东盟赋权”看作拜登政府“印太战略”实施一年来的重大成就之一，认为其标志是首届在华盛顿召开的美国—东盟特别峰会和美国—东盟全面战略伙伴关系的启动，这也“见证了美国—东盟关系的空前扩张”。[①] 美国东南亚政策调整中的这些新趋向亦在很大程度上提升了美国在东南亚的影响力。2023 年 2 月，新加坡尤索夫伊萨东南亚研究所东盟研究中心公布了一份《东南亚态势报告（2023）》，对来自东盟十国的学术界与智库、商业界、民间组织、非政府组织和媒体、政府部门以及区域与国际机构共 1308 人的调查数据显示，随着 2023 年美国加大对亚太区域的关注，其在东南亚的经济和政治—战略影响力均有所提升，受访人数占比分别达到 10.5% 和 31.9%，比 2022 年分别增加了 0.7 个百分点和 2.2 个百分点，而 2021 年两个数据分别为 6.6% 和 28.5%。这份报告还显示，如果东南亚国家在中美竞争中被迫“选边站”，受访者中有 61.1% 倾向选择美国，比 2022 年的 57% 增加了 4.1 个百分点；东南亚国家对美国作为本区域战略伙伴保障区域安全的信心也在上升：2023 年，占受访人数比例为 47.2%，比 2022 年的 42.6% 增加了 4.6 个百分点。[②]

然而，“印太战略”下美国东南亚政策调整中的“网络化”“规范化”“务实化”趋向越来越显示出其“竞争性区域主义”的本质，特别是其主导的“一二三四五六七联合体系”具有明显的排他性和针对性，且时常将经济贸易、水资源和人文交流等功能性议题政治化和安全化，不但与中国引领的“一带一路”倡议和澜湄合作机制等跨区域、区

① U.S.Department of State.Marking One Year Since the Release of the Administration’s Indo-Pacific Strategy［EB/OL］.（2023-02-13）［2024-03-01］. https://www.state.gov/marking-one-year-since-the-release-of-the-administrations-indo-pacific-strategy/.

② ISEAS-Yusof Ishak Institute.The State of Southeast Asia：2023 Survey Report［EB/OL］.（2023-02-09）［2024-03-01］. https://www.iseas.edu.sg/wp-content/uploads/2025/07/The-State-of-SEA-2023-Final-Digital-V4-09-Feb-2023.pdf.

域动议和合作机制形成“集团性竞争”，而且明显违背了经济全球化的非对抗性和自由贸易原则。更为严重的是，美国“网络化”的双边同盟和“小多边”安全体系等，搞集团政治，甚至以意识形态或“民主价值观”在阵营之间“选边站”来割裂全球化和区域化的世界。这种“小圈子”“美式小多边主义”虽然在言语上支持“东盟中心地位”，但实际上与“东盟中心”区域架构中包容的、避免对抗性多边军事防务等“东盟方式”或“亚洲方式”规范理念形成明显的规范竞争，以至于其与“东盟中心地位”及其“区域多边”在区域规范上形成明显的张力。这使得东盟及其成员国总体上对此秉持审慎态度，并认为其与东盟区域规范相悖；印度尼西亚和马来西亚等国对美英澳“三边安全伙伴关系”表达了明确的反对立场。[①] 美国的这些做法也引发了部分东南亚国家及其民众的疑虑和不安。《东南亚态势报告（2023）》显示，东南亚国家对美国倡导全球自由贸易的领导力的信心下降：2023 年，受访者对美国的信任度为 21.9%，比 2022 年的 30.1% 下降了 8.2 个百分点；而美国启动的“印太经济框架”被认为旨在制衡中国的区域经济影响力，受访者中有 41.8% 无法判断该框架的成效、有 11.7% 给出了消极评价并担心其可能加剧中美之间的竞争。这份报告还显示，在“维持以规则为基础的秩序和支持国际法”的领导力方面，2023 年，受访者对美国的信任度为 27.1%，比 2022 年的 36.6% 下降了 9.5 个百分点。[②] 这表明，中美两个大国的竞争深深影响着美国和东盟及东南亚国家的政策选择及其走向，而美国与东盟及东南亚国家之间的“三边互动”将是决定美国东南亚政策走向和东盟及东南亚国家政策回应的一个关键因素。

① 薛亮，郑先武. 东盟国家对 AUKUS 的认知与反应——“小多边”与区域多边的张力［J］. 国际展望，2023，15（2）：57-78.

② ISEAS-Yusof Ishak Institute. The State of Southeast Asia：2023 Survey Report［EB/OL］.（2023-02-09）［2024-03-01］. https://www.iseas.edu.sg/wp-content/uploads/2025/07/The-State-of-SEA-2023-Final-Digital-V4-09-Feb-2023.pdf.

【思想理论】

唯物史观与对外关系研究

白云真 [①]

【摘要】在百年未有之大变局之际，新时代中国对外关系的高质量发展需要不断加强中国特色对外关系的研究。因而，对外关系研究的方法论及其理论路径等成为中国对外关系学界有待深入探究的关键性课题，以此推进对外关系研究的理论化、中国化。对外关系研究既需要竞争性对外关系理论的不同理解，也涉及本体论意义上的方法论问题，更需要以唯物史观阐明中国对外关系所面临、有待解决的主要矛盾及矛盾的主要方面。未来对外关系研究者需要重构对外关系与历史之间的关系，推进中国对外关系哲学创新性发展，构建中国对外关系自主性知识体系。

【关键词】对外关系；唯物史观；中国辩证法；知识体系

一、引言

在百年未有之大变局的深刻复杂变化之际，中国日益走近世界舞台的中心，迈向从站起来、富起来到强起来的新时代，从粗放的经济大国到精致的仁智大国的新长征。[②]这需要我们不断加强与改进对外关系，完善对外关系理论体系与实践体系，因为国家间的竞争与博弈在一定程度上是国家对外关系及其体系的较量与比拼。实际上，中国的对外关系正处于不断转型之中，显著体现为中国对外关系理念的不断与时俱进，以及新型对外关系实践的更加奋发有为。对外关系这一重要实践命题对中国对外关系的基础性与应用性研究具有变革性意义，这意味着对外关系理论性认知与对外关系实践性创新之间的对立统一必然呈现过程性变化。因此，新时代对外关系的方法论及其理论路径等仍

① 白云真，北京语言大学国际关系学院副教授。本文系北京高校高精尖学科建设项目、2019年国家社会科学基金重大项目“新时代中国特色大国外交能力建设研究”（项目编号：19ZDA135）、教育部人文社科项目“金融权力视角下我国国际金融战略与角色研究”（项目编号：18YJAGGJW001）的阶段性成果。

② 王逸舟．从“经济大国”到“仁智大国”［J］．中央社会主义学院学报，2019（4）：41-47.

是中国对外关系学界有待深入探究的关键性课题，以此推进对外关系自主性知识体系建设。

如何运用唯物史观指导对外关系研究，建立具有中国自主性知识体系的对外关系理论与方法，是中国对外关系学界尚需努力的方向。仅就美国对外关系史研究而言，“中国学者在对美国对外关系史的整体研究上还存在着很大的差距，尤其是在理论框架和研究路径上还缺乏深入的思考”①。时至今日，理论与方法对于对外关系研究等依然不可或缺。② 要提高中国对外关系研究的马克思主义水平，研究者就要以唯物史观的基本理论与方法分析对外关系现象。2021 年 7 月 1 日，习近平总书记在庆祝中国共产党成立 100 周年大会上的重要讲话中强调，坚持把马克思主义基本原理同中国具体实际相结合、同中华优秀传统文化相结合。因此，中国对外关系学界更要以“两个结合”为指导深入探究中国对外关系研究的方法论及其理论路径等。

为此，笔者将阐明唯物史观及其对外关系观，倡导以唯物辩证法、中国辩证法加强对外关系研究，倡议未来要重构对外关系与历史的关系，推进中国对外关系哲学创新性发展以及构建中国对外关系自主性知识体系，进而完善对外关系研究的学科性知识体系、概念性理论体系以及本土性话语体系，推进以唯物辩证法、中国辩证法为前提的中国自主性知识体系建设，以服务民族复兴、促进人类进步为主线，推动构建人类命运共同体，开创中国特色大国外交新局面。

二、唯物史观及其对外关系观

国家对外关系更多反映了特定国家的诸多对外政策工具的组合性运用，是由许多维度彼此联结而构成的整体。因此，任何支离破碎的分析很大程度上都无助于理解国家对外关系，尽管分析性区分也是不可或缺的。在笔者看来，国家对外关系是一国通过外交实现其目标、执行其政策的工具与手段。尤其是当竞争性利益诉求无法通过市场等经济手段获得解决时，国家必然需要借助对外关系等政治手段加以解决。对外关系往往反映着对外关系维度上想法、方法、做法、办法以及说法循环往复以至无穷的知行统一观，体现了旨在趋吉避凶、慎终无咎的本事，反映了特定时空中多重矛盾关系中的斗争与妥协，必须以唯物史观 ③ 从主客观相统一的角度将其置于对外关系事件以及历史脉络中才

① 王晓德. 中国的美国对外关系史研究［J］. 社会科学战线，2009（6）：135-139.

② 笔者与张旗博士曾经将唯物史观等运用到外交能力研究之中，构成拙文立论的基础，参见白云真，张旗. 外交能力的概念、方法及其议程［J］. 中共中央党校（国家行政学院）学报，2022，26（2）：137-144.

③ 马克思主义国际关系研究方法就是唯物史观，参见李滨，陈子烨. 论马克思主义国际关系研究方法——兼评历史唯物主义与西方现实主义理论的方法差异［J］. 世界经济与政治，2021（12）：4-23，155.

能加以理解。

（一）唯物史观

唯物史观不仅是国际关系批判理论最重要的源泉之一，也是对外关系理论路径的必要组成部分，仍然有助于解释和理解古今中外世界的对外关系现象。对外关系研究必定始于深入理解唯物史观的立场、方法与观点，特别是其所蕴含的世界观与理论。对于唯物史观而言，五大类的生产从根本上言或早或晚地决定着上层建筑（包括对外关系）。“马克思的历史唯物主义是立足于生产（方式）来研究社会与历史的，脱离了生产的所谓‘历史唯物主义’就脱离了马克思的历史唯物主义根本，就不具有马克思主义的属性。”①占主导地位的生产方式构成特定历史社会的经济基础，其他生产方式则相对处于从属地位。

马克思、恩格斯首次在《德意志意识形态》中比较系统地阐述了唯物史观，指出现实的人的实践及其生产条件是正确历史观的前提，论证了生产在人类历史发展中的决定性作用，以实践性、联系性世界观奠定了理论基础。马克思、恩格斯将生产分为五大类，即满足吃喝住穿及其他需要的物质生活生产、为满足上述需要而产生新需要的生产、生命的生产、社会关系的生产以及意识的生产。这五类生产并不是五个不同的阶段，而应看作五个方面。“道德、宗教、形而上学和其他意识形态，以及与它们相适应的意识形态便不再保留独立性的外观了。它们没有历史、没有发展，而发展着自己的物质生产和物质交往的人们，在改变自己的这个现实的同时也改变着自己的思维和思维的产物。不是意识决定生活，而是生活决定意识。”②

唯物史观论者并不像抽象的经验主义者那样将历史视为僵死的事实的汇集，也不像唯心主义者那样将历史视为想象的主体的想象活动，而是将历史视为现实的、经验可观察到的活动。“和唯心主义历史观不同，它不是在每个时代中寻找某种范畴，而是始终站在现实历史的基础上，不是从观念出发来解释实践，而是从物质实践出发来解释各种观念形态。”③唯物史观注重随着生产方式的变化，人们会改变自己的一切社会关系，包括对外关系。马克思在《十八世纪外交史内幕》中指出：“要了解一个限定的历史时期，必须跳出它的局限，把它与其他历史时期相比较。要判断历届政府及其行动，必须以它们所处的时代以及和它们同时代的人们的良知为尺度。”④

---

① 李滨，杨蓉荣．历史唯物主义基本概念范畴在国际研究层面的体现［J］．欧洲研究，2019，37（2）：96.

② 马克思，恩格斯．马克思恩格斯文集（第1卷）［M］．北京：人民出版社，2009：523-524.

③ 马克思，恩格斯．马克思恩格斯文集（第1卷）［M］．北京：人民出版社，2009：544.

④ 马克思，恩格斯．马克思恩格斯文集（第14卷）［M］．北京：人民出版社，2009：79.

（二）对外关系观

马克思、恩格斯在《德意志意识形态》《十八世纪外交史内幕》《俄国沙皇政府的对外政策》等一系列相关著作中对对外关系或对外政策的论述为从唯物史观维度理解对外关系提供了线索，尽管马克思并未完成其所计划撰写的一部关于 18 世纪英国和俄国对外关系史的著作。

生产力发展到一定阶段的整个商业生活和工业生活等一切物质交往超出了国家和民族的范围而产生了对外关系的交往需要及其形式。对外关系是特定的交往形式，是由上述五类大生产所决定的。为维持生活就必须时刻从事的历史活动，特别是获取必需品的斗争，也是对外关系历史的基本条件。“各民族之间的相互关系取决于每一个民族的生产力、分工和内部交往的发展程度。这个原理是公认的。然而不仅一个民族与其他民族的关系，而且一个民族本身的整个内部结构也取决于自己的生产以及自己内部和外部的交往的发展程度。”[①] 唯物史观视域下对外关系研究者必须注意上述基本事实的全部意义和全部范围，并给予应有的重视。正是随着每个民族的生产力、分工与内部交往的发展，特殊利益和共同利益之间的矛盾作为一种相互依存关系存在于现实的对外关系之中。只有随着生产力的普遍发展，体现人们的世界历史性的普遍交往的对外关系才能建立起来。因此对外关系是以生产力的普遍发展和与此联系的世界交往为前提的，而且“那些国家由于世界交往而被卷入普遍竞争的斗争中”[②]。

马克思并不抽象地看待对外关系，而是认为对外关系根源于一切具体的历史性社会关系。唯物史观从直接生活的物质生产出发阐述现实的生产过程，把同这种生产方式相联系的、它所产生的包括对外关系在内的交往形式理解为整个历史的基础。在唯物史观看来，那种轻视现实的生产关系、物质关系而局限于言过其实的重大对外政治关系的历史事件的历史观是荒谬的。“以一定的方式进行生产活动的一定的个人，发生一定的社会关系和政治关系。经验的观察在任何情况下都应当根据经验来揭示社会结构和政治结构同生产的联系，而不应当带有任何神秘和思辨的色彩。社会结构和国家总是从一定的个人的生活过程中产生的。”[③]

一切对外关系的历史冲突都根源于生产力和交往形式之间的矛盾。由于特定历史阶段的国家处于从属地位的国际生产关系之中，此类国家的对外关系往往在政治经济领域处于依附状态，表现出软弱、卑怯的特性。“生产关系不仅决定着利益分配，而且决定

① 马克思，恩格斯 . 马克思恩格斯文集（第 1 卷）[M] . 北京：人民出版社，2009：520.
② 马克思，恩格斯 . 马克思恩格斯文集（第 1 卷）[M] . 北京：人民出版社，2009：567.
③ 马克思，恩格斯 . 马克思恩格斯文集（第 1 卷）[M] . 北京：人民出版社，2009：523-524.

着不同地位的生产者之间的社会权力关系。围绕着国际分工，各国之间形成了一种国际生产关系。谁主导着国际 / 全球生产体系，谁就能从国际生产过程（当今的跨国价值链）中获得更大的分配利益，谁就可能在国际生产关系中占据支配地位。”①

当然国家对外关系并不能完全从其本身来理解，也不能从所谓纯粹的外交辞令来理解，反而是根源于特定生产方式及其所内嵌的社会关系。“各国对外行为并不是以空洞的原则为指导的，而是各自所知的利益，特别是在政治经济中占主导地位的社会群体的利益。”② 具有现代生产方式的社会或国家呈现独特的对外关系观。“现代国家政权管理着共同的对外事务并以其服务于资产阶级的共同利益。由此，马克思揭露与批判现代国家政权外交活动中寡头政治集团统治的实质。这些寡头政治集团借助外交等国家工具维护自己的特殊利益，从而牺牲整体的民族利益，往往拙劣与卑劣地从事外交活动。”③

马克思将现代资本生产方式及其所带来的财富对对外关系的影响视为重要的对外关系问题之一，因而对外关系往往体现或反映着特定社会阶层或历史集团狭隘的特殊物质利益而非共同的民族—人民利益。“外交关系并不是永恒不变的，而是历史的、暂时的产物。外交的内容和形式是由在特定国家中占据主导地位的阶级的物质生活条件所决定的，而且外交活动屈从于物质或资本的力量。”④ 相比之下，“西方主流国际关系理论在国家层面对国家对外行为的分析从根本上缺乏对国家社会经济基础的分析，更谈不上对国家历史的、具体的、特殊性的经济基础的分析”⑤。

三、辩证法与对外关系研究

对外关系研究既需要竞争性对外关系理论的不同理解，也涉及本体论意义上的方法论问题。所以，对外关系研究不仅需要知识论、价值论，更需要本体论、方法论、认识论，以唯物辩证法、中国辩证法洞察中国与世界的关系及其矛盾运动，在思想方法上立足对外关系历史与现实而清除教条主义，不能一味地以诚相待，需要科学的、历史的、哲学的、艺术的境界，以唯物辩证法与中国辩证法阐明中外对外关系所面临与有待解决的主要矛盾及矛盾的主要方面。

（一）唯物辩证法与对外关系研究

唯物史观侧重以五大类生产为出发点，探究生产方式与生产关系，进而研究特定历

---

① 李滨，杨蓉荣 . 历史唯物主义基本概念范畴在国际研究层面的体现［J］. 欧洲研究，2019，37（2）：103.
② 白云真 . 马克思《十八世纪外交史内幕》研究读本［M］. 北京：中央编译出版社，2014：18.
③ 白云真 . 马克思《十八世纪外交史内幕》研究读本［M］. 北京：中央编译出版社，2014：8.
④ 白云真 . 马克思《十八世纪外交史内幕》研究读本［M］. 北京：中央编译出版社，2014：17.
⑤ 李滨，杨蓉荣 . 历史唯物主义的国际关系理论体系建构［J］. 世界经济与政治，2017（4）：11.

史社会的政治、经济、意识形态与对外关系，蕴含着鲜明的唯物辩证法。“辩证法在真实的历史层次上是指，在任何具体的历史条件下、相互对立的社会力量的对抗，潜在地产生出替代对立面的发展形式。”[①] 西方主流对外关系理论的基本出发点都不是生产关系，而是以一种先验的工具理性探讨所谓给定的对外关系状态，然而唯物辩证法强调以生产方式与生产关系的对立统一的历史辩证逻辑考察不同形态的对外关系。

对外关系受到迄今为止一切历史阶段的生产力的制约，同时又反过来制约生产力的交往形式。由日益完善的生产方式、交往以及因交往而自然形成的不同民族之间的分工消灭得越是彻底，对外关系历史也就越是成为世界历史。“历史向世界历史的转变，不是‘自我意识’、世界精神或者某个形而上学怪影的某种抽象行动，而是纯粹物质的、可以通过经验确定的事实，每一个过着实际生活的，需要吃、喝、穿的个人都可以证明这一事实。”[②] 随着各类生产的国际化，占主导地位的社会力量日益扩大自己的跨国活动，因而特定民族或国家的活动扩大为世界历史性的活动，越来越受到对它们而言异己的力量的支配，受到日益扩大的、归根结底表现为世界市场的力量的支配。

尽管对外关系是一个相对独立的领域，需要针对这一特定社会领域进行深入探讨，然而对外关系与其所处的社会环境之间的普遍性联系应当居于对外关系研究的核心地位。虽然对外关系是一个社会过程，但是研究者很少愿意去分析或质疑对外关系背后的力量以及动力，特别是资本积累及其再生产的跨国力量与特定的时空条件。对外关系研究者不应仅仅从对外关系独立性的外表加以理解，而应从人的主体性实践活动、能动的对外关系历史进程去理解对外关系，关注合作、竞争与斗争之间相互转化、对外关系与物质环境及物质生活条件之间的联系。“各民族之间的相互关系取决于每个民族的生产力、分工和内部交往的发展程度。”[③] 国家之间的劳动分工及其发展阶段逐渐影响到国家间的对外关系。对对外关系的理解无法孤立于社会生活中更为广泛的生产和再生产结构之中。以一定的方式进行生产活动的国家不仅发生着一定的社会关系和政治关系，而且发生着一定的对外关系。“外交活动根源于其国内市民社会、商业与工业等物质基础和活动，并受其制约。”[④] 对外关系研究不能脱离对外关系的社会性及其对物质、政治、文化等方面的需求，因而必须依据更为广泛的社会政治经济过程来看待和理解对外关系。

对外关系并不单纯或纯粹体现着政治进程中的行动能力。“如同个人完全屈从于分

---

① 基欧汉.新现实主义及其批判［M］.郭树勇，译.北京：北京大学出版社，2002：198.

② 马克思，恩格斯.马克思恩格斯文集（第1卷）［M］.北京：人民出版社，2009：540.

③ 马克思，恩格斯.马克思恩格斯文集（第1卷）［M］.北京：人民出版社，2009：520.

④ 白云真.马克思的历史唯物主义外交思想及其当代启示——重读《十八世纪外交史内幕》［J］.当代世界与社会主义，2014（6）：53.

工而身处相互依赖的关系之中一样，民族国家也完全屈从于国际分工，身处相互依赖的对外交往形式之中。”[①] 固然生产活动首要的是指物质生产活动，在历史资本主义时代尤其是指资本积累及其再生产活动，但是也包括承载着思想、观念的语言与精神生产活动。对外关系本身是社会的产物，反映着特定的社会联系，是一定的社会交往形式，无法脱离物质与精神生产的社会环境和社会结构，反而蕴藏在政治、经济、意识形态的脉络之中。“随着资本主义的世界性扩展，世界经济对各国内部的经济基础产生了越来越重要的影响。因此，从一个国家的内部属性来讨论国家的对外行为必须顾及外部结构（世界秩序）的影响，同时，思考世界秩序也必须考察大国内部的社会经济基础对世界秩序的建构作用。”[②] 对外关系的许多复杂问题可以被视为资本主义内在矛盾及其全球化的表现，因而资本主义生产方式及其政治与外交安排没有能力突破社会文化障碍以实现其在全球的主导地位。

研究者要避免笛卡儿式人为地或形而上学地割裂对外关系与特定时空的社会关系的行为。“不同空间、不同地域之间的关系也是生产关系的重要构成部分，甚至是最基本的构成部分。”[③] 人的实践活动都是在特定的地域空间展开的，国家对外关系也是如此。对外关系无法改变不平衡的自然地理分布条件。社会关系中的空间与地理维度是外交的重要属性，因而研究者应该以唯物辩证法关注自然基础与地理条件，将社会关系中的空间关系和地理现象纳入对外关系，考察地域意义上、地缘空间上的合作、竞争与斗争。大卫·哈维认为空间现象应在马克思的整体理论中占据基础地位，将空间和地理视为“资本主义矛盾运行中的基础因素和‘积极要素’”[④]。国家对外关系的外交实践会连续不断地变化，相应地重新界定着地理空间范围，而且又以不同的方案创设国际权力结构，从而赋予地理空间的整合与分化以对外关系意义。

（二）中国辩证法与对外关系研究

中国辩证法强调阴阳两极相反相成、相生相克的关系，侧重人事、时势、道术、权变与执中。中国辩证法的本体论并不是西方的本质本体论（ontology of substance），而是事件本体论（ontology of events）。物有本末，事有终始。“对事物本质的判断需要的是辩证思维，而辩证思维是形而上学力所不及的领域，而解决这类问题恰恰是我们东方

① 白云真．马克思《十八世纪外交史内幕》研究读本［M］．北京：中央编译出版社，2014：16.

② 李滨，杨蓉荣．历史唯物主义的国际关系理论体系建构［J］．世界经济与政治，2017（4）：5.

③ 韩毓海．五百年来谁著史［M］．3 版．北京：九州出版社，2011：66.

④ 哈维．世界的逻辑：如何让我们生活的世界更理性、更可控［M］．周大昕，译．北京：中信出版集团，2017：38.

思维的优势。”① 万事万物皆有主次之分，皆非一成不变的，而是在不同的时空中或早或晚地变化着。

中国辩证法强调凡事凡物一体两面，两端相对，不可偏执一端，以和之用返归中之体，比唯物史观更强调相反相成的意义。“一切事物的发展，既由一体而分为两端，复由两端而合为一体，这个两端——正反相成而合，必有一个接头处来作代表，就是所谓‘中’了。”② “辩”意味着对两端相反相成的关系及其过程性变化的本质加以分辨，如天人之辩、义利之辩、体用之辩、和同之辩。③ “证”则要以概念偶对性或反向性概念④对相反相成的关系及其本质加以概括与判断。两端对立的状态是相对的，并不是绝对的，是反正之合，绝不是折中之半。中国辩证法意味着要刚柔互济，因时势而变化，执两用中，权变权衡而变通，绝不可作乡愿折中的论调。

因而研究者需要回归到包括阴阳相反相成的辩证法、中体西用论，回到中国历史哲学、社会文化的言路和思路之中，以中国思维路径与传统夯实对外关系研究的立论基础，要以变通的思维知变，以权变的路径应变。对外关系是一个动态变化的社会过程，“要对对立两方面进行阐释，要纳入矛盾和冲突的视角并最终走向对立统一”⑤。合作共赢的过程也蕴含着潜在的矛盾和斗争维度，因而研究者不能忽视或低估其他国家社会冲突或国家间冲突的性质与深刻程度，并不完全是以和平方式解决国家间争端，也不完全是互谅互让地实现或维护国家利益，不能无视权力或力量。因而研究者需要将内外观、义利观、王霸观、仁义观、华夷观用于对外关系研究之中。

总之，辩证法是最重要的思维形式，只有辩证法才能为对外关系提供类比，如斗争与和合的交替性变化。“中国人所说的马克思的辩证法与作为欧洲文化遗产的马克思的辩证法，所指涉的并不是同一种内涵。”⑥ 因而对外关系研究者需要将马克思主义的辩证法与中国传统辩证法统一起来，以克服内外之分的二元论，进而推动对外关系研究理论化、中国化。“辩证思考最关注的是对过程、流程以及关系的理解，其次才是对具体元素、事物、结构和有组织系统的分析。后者无法独立支持、支撑甚至产生这些具体事物

---

① 张文木．张文木战略文集（第10卷）［M］．济南：山东人民出版社，2020：49.

② 萧一山．曾国藩传［M］．南京：江苏人民出版社，2014：81.

③ 胡传荣．“天人之辨”与中国对外关系［J］．国际观察，2008（5）：52-58；徐成．中国对外关系中的义利逻辑［J］．世界经济与政治，2022（2）：104-128.

④ 郝大维，安乐哲．通过孔子而思［M］．何金俐，译．北京：北京大学出版社，2005：19-23.

⑤ 哈维．世界的逻辑：如何让我们生活的世界更理性、更可控［M］．周大昕，译．北京：中信出版集团，2017：13.

⑥ 田辰山．中国辩证法［M］．萧延中，译．北京：中国人民大学出版社，2016：1.

的流程。”[①] 由此，对外关系首先是由过程和关系所确定的，取决于相关人员的行为以及政治、经济、社会过程。因此，理解对外关系的关键方法是理解其内化的过程和关系，观察对立范畴的相互渗透和相互转化及其矛盾所引起的变化。

四、对外关系研究未来议程

对外关系研究不仅需要以唯物辩证法了解现代资本主义及其国家形态下的对外关系进程，而且对外关系概念在资本主义生产方式中有特定的具体意义，与其他社会关系或形态条件下的对外关系概念存在重大意义和实际上的差别。中国哲学与文化也是中国对外关系哲学，尤其是中国对外关系知识体系的原动力。因此，对外关系研究也需要回归到中国文史哲的学问传统以及中国对外关系历史经验，以中国历史哲学观推进对外关系哲学、观念、概念与理论等诸多议题的研究，推动外交学的中国化、致力于公正的世界秩序建设、增进人类命运共同体的意识、秉承外交为民的宗旨、践行外交高于战略的思想。[②]

（一）重构对外关系与历史的关系

对外关系研究实际上是一门历史的学科，因而重建对外关系与历史的联系是必要的，进而确立以时间（历史）与空间（地缘）相结合的对外关系观。在不同历史背景下，思想观念和物质条件共同塑造着国家对外行为和对外关系。“只有感觉的材料十分丰富（不是零碎不全）和合于实际（不是错觉），才能根据这样的材料造出正确的概念和理论来。”[③] 对外关系研究必须探究历史上相继出现的诸多对外关系形态及与之相适应的各种变化着的生产条件，从可以直接感知的对外关系事件出发，以重大对外关系事件感知对外关系的历史经验，进而摒弃形而上学的对外关系观。

对外关系史具有连续性和间断性，充满着矛盾而非平顺坦途，并且正是对立和冲突催生了对外关系的变革和转变，因而研究者需要以主客体之间辩证关系的认识论理解和把握对外关系的进程及其转型。这种历史的、诠释性的认识论并不孤立或割裂地将观察的主体与被观察的客体二元论地对立起来，而是关系性地思考主客体，将其视为彼此相关的，力求通过历史反思和自省更深刻地了解对外关系及其此消彼长的动态变化。

对外关系是一种复杂且广泛的历史性发展着的活动而非思想活动，并非绝对不变而是不断变化的，是由物质生产与精神生产活动及其交往形式所促成的，在地理空间上不

① 哈维．世界的逻辑：如何让我们生活的世界更理性、更可控［M］．周大昕，译．北京：中信出版集团，2017：231.

② 白云真．马克思《十八世纪外交史内幕》研究读本［M］．北京：中央编译出版社，2014：89-98.

③ 毛泽东．毛泽东选集（第 1 卷）［M］．北京：人民出版社，1991：290.

断扩展着。现代世界市场兴起以来，当代对外关系与前现代的传统对外关系之间的衔接点，并不拘泥于大国兴衰过于简化的历史性变化。当国家以不同方式面对对外关系问题时，对外关系也表现出不同形式或形态。近现代中西方对外关系史是人们从重大对外关系事件中汲取历史经验与教训的重要来源。“能说出新颖观点，那叫才气，而能用经验特别是历史经验证明出这种观点，那才叫学问。……知识尤其是社会科学方面的知识，如无经验介入，则苍白无力。”① 对外关系理论的抽象逻辑需要关键性对外关系历史事件的检验，需要历史经验的洗涤，从历史经验中获得对外关系认知能力，并将历史经验深深嵌入所建构的对外关系世界之中。

身处百年未有之大变局的对外关系变革时期，研究者需要探讨对外关系历史与现实背后的原因，明确前现代对外关系、现代对外关系与后现代对外关系的区别和联系，以对外关系历史观照对外关系现实。在后现代世界中，霸权论、民族国家外交体系、全球化等传统的思想倾向或框架在未来外交过程中会遭到否定，抑或扬弃。后现代世界对外关系所面临问题的实质是，不同国家和地区的对外关系观念有重大差别，而且与此不同的对外关系实践都试图维系其内在的对外关系信念和对外关系活力。然而未来的对外关系观念与实践必须遵循一定的共同原则，也必须考虑到不同宏观社会的对外关系运行轨道上一定程度的协调，尽管并无必要调和或消除对外关系目标与手段上的差异或分歧。

（二）推动中国对外关系哲学创新性发展

马克思重视历史观念的形成及其所造成的历史影响。“人们自己创造自己的历史，但是他们并不是随心所欲地创造，并不是在他们自己选定的条件下创造，而是在直接碰到的、既定的、从过去承继下来的条件下创造。一切已死的先辈们的传统，像梦魇一样纠缠着活人的头脑。”② 由此，传统观念必然对对外关系的理念、行为等形成不可低估的影响，因而中国对外关系学者“应重视研究对外关系之思想观念的历史”③。在中国学者陈尚胜看来，先秦时期儒家等学派的天下观、王霸观、华夷观和义利观这四种观念形态构成了中国传统对外关系的基本理念。④

中国学者应该强调中国传统思想与哲学，揭示对外关系现象背后深层次的哲学理念与知识。⑤“在这个中国式的宇宙框架里，‘阴—阳’模式关于同一事物两个基本方面

① 张文木．国家战略能力提升要有历史唯物主义世界观的支撑［J］．世界经济与政治，2012（10）：150.

② 马克思，恩格斯．马克思恩格斯文集（第 2 卷）［M］．北京：人民出版社，2009：471.

③ 牛军．关于当代中国对外关系史研究的几点看法［J］．中共党史研究，2019（4）：68.

④ 陈尚胜．试论中国传统对外关系的基本理念［J］．孔子研究，2010（5）：4-17.

⑤ 李存山．忠恕之道与中国近现代的对外关系［J］．中国社会科学院研究生院学报，2012（5）：11-18；任晓．论中国的世界主义——对外关系思想和制度研究之二［J］．世界经济与政治，2014（8）：30-35.

相反相成的作用，构成一切变化发生的动力来源。”[①] 研究者要以中国系统化的方法论构建新的理解性框架，以理解对外关系现象如何以及为何发生，进而革新既有对外关系的知识结构，才能延展与深入对外关系的认知图谱。中国对外关系哲学创新性发展迫切需要突破欧洲中心论的现代对外关系哲学观，这不仅是一个对外关系哲学创新性发展的问题，而且事关重新定位对外关系及新型对外关系构建的问题。“欧洲中心论的特点是重对立，轻和合。”[②] 欧洲中心论的对外关系哲学观以进步史观设想对外关系有终极目标，反映了以种族和文化作为划分标准的对外关系观，以直线历史发展阶段、西方现代价值观和基督教传统的二元论思维方式为立论基础，本质上是为了维系西方世界在世界体系中的主导地位。

中国对外关系哲学创新性发展需要避免超绝主宰体的宇宙观以及二元对立的单向思维模式，而采取通变式的互系性思维模式。因此，中国对外关系哲学立足于内外、义利、体用等相反相成的辩证概念，反映了中国哲学的辩证关系性思维方式，关注以道为体思考不同人群在实际对外关系生活中如何沟通、代表与再现的根本性问题。事实上，辩证关系性比“性质”或“本质”、国家等“实体”更具根本性。[③] 研究者要关注由矛盾引起的对外关系变化，避免空谈对外关系哲学，着眼于观察世界、认识世界、改造世界的能力，以中体西用的框架审视对外关系的大本大源的问题。

对外关系并不是想象的主体的想象活动，而是为争取特定群体生存权利而斗争的社会交往形式，关乎人心世道。中国辩证法与唯物辩证法需要有机结合而形成中国对外关系观，以驳斥形而上学的对外关系观。研究者必须为争取自己的生存权利而斗争，开展对外关系哲学的创新性发展研究，探讨中国对外关系哲学所依赖的物质生产与再生产基础，即亚细亚生产方式。研究者应以中华文明的视野将对外关系研究上升为对外关系哲学，立足于不平等的世界结构，深入研究世界局势，夯实国家对外关系行为的思想基础，树立以中国哲学为基础的对外关系哲学思想。中国对外关系哲学需要以中国为方法，关注由矛盾引起的对外关系变化，以改造中国与世界为目的，因而无法脱离中国政治哲学、经济哲学，以形成坚定正确的对外关系的政治方向、精神品格，“坚持以对外工作优良传统和时代特征相结合为方向塑造中国外交独特风范”[④]。

① 田辰山．中国辩证法［M］．萧延中，译．北京：中国人民大学出版社，2016：10.

② 相蓝欣．传统与对外关系［M］．北京：生活·读书·新知三联书店，2007：2.

③ 白云真，张旗．外交能力的概念、方法及其议程［J］．中共中央党校（国家行政学院）学报，2022，26（2）：143.

④ 白云真，张旗．外交能力的概念、方法及其议程［J］．中共中央党校（国家行政学院）学报，2022，26（2）：143.

（三）构建中国对外关系自主性知识体系

研究者要有能力以马克思主义史学传统为理论底色构建有助于引导对外关系变化和未来的知识图景和谱系，从而引导对外关系朝着正道的方向发展。然而，这种有关国家对外关系行为和对外关系能力的实用知识将会在努力理解对外关系的历史和现实中获得。只有关键性概念基础上的理论性知识才能洞察对外关系的本质问题，然而仅靠移植词和外来语是无法建立中国对外关系概念体系和理论体系的。

相蓝欣认为："那些自认为价值中立、不谈意识形态的外交概念常常被别人看作暗藏玄机。"① 只有系统的且体现中国价值和精神的对外关系自主知识体系才能更深刻、更正确、更彻底地反映客观的对外关系现象与本质，进而为百年未有之大变局与 2035 年远景目标下的中国与世界关系做出一些思想和理论准备，从而成为对外关系概念、知识、话语的生产者与贡献者。正如法国著名国际问题专家海斯堡（Heisbourg）所认为的："'价值中立'的外交概念实际上有很大危险，因为它不但让世界吃不透中国的真实意图和发展方向，同时也会造成西方重新联合起来用价值观对中国的经济竞争的实力做出回应。"②

随着资本积累的福特模式向更加灵活的资本积累模式转型，当今对外关系经历着深刻的时空压缩的后现代进程，必须面对流转时间的加速以及传统和历史积累价值的削减。在这一进程中观点、思想以及价值观极易改变，致使任何长期的战略规划变得极为困难，因为在波动和易变的时代条件下对外行为的持续性和稳定性受到侵蚀或弱化。在时空压缩的后现代世界中对外关系面临着重要转型，以应对复杂多变的局面，要对对外关系的变化高度灵敏，或迅速调整以顺应对外关系的变化及其历史必然性，或主动把握多变性，进而能够主动控制或引导对外关系朝着预想的方向发展。

因而研究者需要创建新的概念系统和理论意象，以解决解释逻辑的危机，从而提供社会团结或共同体的想象。③ 尽管研究者不但无法低估利益冲突在对外关系中的实质性意义，反而要正视利益冲突或竞争，但是观念所造就的对世界的认知及其所形成的概念、话语起到确定对外关系方向的作用，从而使受利益驱使的对外行为沿着这个方向展开。"不是认识主体的活动产生某种有助于权力或反抗权力的知识体系，相反，权力—知识，贯穿权力—知识和构成权力—知识的发展变化和矛盾斗争，决定了知识的形式及

① 相蓝欣．传统与对外关系［M］．北京：生活·读书·新知三联书店，2007：9，14.

② 相蓝欣．传统与对外关系［M］．北京：生活·读书·新知三联书店，2007：14.

③ 白云真，张旗．外交能力的概念、方法及其议程［J］．中共中央党校（国家行政学院）学报，2022，26（2）：143.

其可能的领域。”① 知识性话语不仅要使国内外民众了解本国对外关系的认知与预判，而且要为国家对外行为提供一种明确合理的说辞。

对外关系学所形成的概念、范畴、理论和方法并不独立于现有的社会关系，其必须立足于对对外关系历史发展以及对外关系事件和行动的动态辩证分析基础之上，而不能脱离对外关系的实际事件和行动加以理解，否则会陷入观念上的错误和困境。对外关系概念、理论与知识体系本身就是社会现象的产物，因而对外关系新概念、新理论、新知识需要经过创新实践的考验。“我们面临的挑战不是促成一种普遍而绝对的知识结构，而是要发掘出一种有益于表述和解决当前问题的新视点。”② 当前对外关系研究者所采用的理论和方法论框架不足以让对外关系学者对发生在我们身边的对外关系巨变做出任何有实质意义的分析和评论。许多实际发生的对外关系事件已经远远超出我们的认知和控制能力。对外关系学界最首要的任务是增强自我意识和自我觉醒，解决“理屈词穷”的窘境，以构建中国对外关系的新谱系、新知识论，深刻反省反思现有分析框架，以形成新概念、新范畴、新理论和新主张。对外关系学者只有自觉地在解决对外关系问题及其矛盾关系的历史过程中探求全新的对外关系知识体系，评估与审视现有对外关系理论，整合与重组现有理论中任何有用和有价值的部分，进而形成新概念和新理论的基本脉络，才有可能发表对解决对外关系问题真正有帮助的观点。

五、总结

对外关系不仅仅是政治、内政的延续，其本质上是在战争与和平此消彼长的动态变化中国家间政治经济、意识形态斗争与合作的竞逐形态，是特定时期的社会关系在历史进程中的社会建构过程。对外关系与现实中的经济财政安全军事实践性活动密切相关。“我们今天还面临着更严峻的任务，这个严峻的任务就是结束西方资本主义对于世界金融能源市场的垄断，这才是空前困难的、艰巨的任务，但是，不完成这样一个任务，中华民族的复兴是不能实现的，不合理的世界秩序是不能从根本上改变的。因为500年中华民族衰落的根本原因，就在于在货币金融上受制于西方垄断。”③ 对外关系研究不仅取决于对外关系哲学的高度，而且取决于对外关系手段的使用。④

对对外关系本质的理解和判断需要深刻的辩证法思维，以确立有关世界秩序和世界价值的方法论前提，进而保持观察和分析中国与世界关系的战略洞察、战略定力。对外

① 福柯．规训与惩罚［M］．刘北成，杨远婴，译．北京：生活·读书·新知三联书店，1999：30.
② 罗西瑙．没有政府的治理［M］．张胜军，等译．南昌：江西人民出版社，2001：154.
③ 韩毓海．五百年来谁著史［M］．3版．北京：九州出版社，2011：205.
④ 习近平．习近平关于中国特色大国外交论述摘编［M］．北京：中央文献出版社，2020.

关系的性质是由相反相成、对立统一的矛盾关系所界定的，因而只有能够区分与确立斗争与合作边界的对外关系研究才具有更为广泛的实践意义。只有对外关系哲学意义上的辩证法才能呈现对外关系的根本性问题，进而将其理论化，实现感性认知与理性分析的统一而形成中国对外关系自主性知识体系，才能支撑制定世界治理规则，才能一心一意地致力于今后相当长时期的中国对外关系的历史任务。没有辩证法支撑的对外关系研究必然是空中楼阁，无法付诸自主性知识体系建设。① 研究者要以辩证法之新方法为中国对外关系学开拓困知勉行的新境界，成就有体有用之学。

① 白云真，张旗．外交能力的概念、方法及其议程［J］．中共中央党校（国家行政学院）学报，2022，26（2）：143.

理解文化与创造人类文明新形态

孙英春[①]

【摘要】面向创造人类文明新形态的中国实践，文化以及国际关系研究者应推动建立文化与文明研究领域的知识系统。本文尝试做三方面思考。首先，厘清文化与文明概念的内涵及其发展脉络，文明之“新”不在器物而在文化，维护文化之“新”，文明才有“新形态”。其次，阐述作为文化“深层结构”的三个体系：观念、规范与认知体系，文化“深层结构”决定了文化的稳定性和多样性，创造人类文明新形态是对文化多样性的强调，也是国家文化安全与文化治理的实践策略。最后，勾勒人类学、哲学、文化研究、社会学、心理学等学科的知识线索，研究者应基于多学科发展“全球视域”，建立整体观照人类文化以及文明演化的知识系统。

【关键词】人类文明新形态；文化多样性；学科基础；全球视域

作为中国式现代化的主要目标，创造人类文明新形态符合世界历史进程的根本趋势，在推动人类社会的沟通、和解和进步，促进中国与世界相向融入、共生共存等方面具有显著意义，关联到新型国际关系的构建，也“拓展了发展中国家走向现代化的途径”[②]。对文化与国际关系领域的研究者而言，有必要通过关联、整合相关学术资源，推动建立文化与文明研究的知识系统，为创造人类文明新形态的中国实践作出积极的智识贡献。

一、文化与文明之辩

文化与文明皆为易于感知却难以把握的概念，二者在时空、构成、内涵和功能等方面有重叠也有差异。笔者注意到，近期有关人类文明新形态的讨论，对这两个概念以及

① 孙英春，中国传媒大学政府与公共事务学院教授，博士生导师。

② 新华社．中国共产党第十九届中央委员会第六次全体会议公报［EB/OL］.（2021-11-11）［2024-03-01］. https://www.gov.cn/xinwen/2021-11/11/content_5650329.htm.

两者之间关系的表述，有一定的随意性和模糊性，故此认为，研究者有必要进行概念上的厘清，并建立相对一致的认识，还需关注文化和文明两个概念在中西历史和现代化进程中的发展脉络，及其涉及的与国家道路有关的分歧与争论。

与英文“culture”（文化）最接近的词源是拉丁文“cultura”，有居住、栽种、保护、崇拜的含义。在此后的早期用法里，还有“过程”“照料”的意蕴，直到16世纪初，其词义延伸为“人类发展的历程”；到18世纪末19世纪初，具备了“陶冶”“培养”的词义①。爱德华·泰勒在1871年的表述，被认为是第一个具有现代意义的文化定义：“文化或文明，就其广泛的民族学意义来讲，是复合整体，包括知识、信仰、艺术、道德、法律、习俗以及作为一个社会成员的人所习得的其他一切能力和习惯。”②20世纪80年代以来，不同领域对文化的解释大致可分为两种思路，一是针对社会结构意义上的文化，二是针对个体行为意义上的文化。前者指的是一个社会中长期、普遍起作用的行为模式和行动的实际准则；后者是个体习得的产物，包括群体成员为了在其参与活动的群体中被相互接受而必须具备的文化要素。这一时期有关文化定义的讨论更为丰富，但都在强调文化的核心特征：文化是对人类一切行为的技术方式、社会方式和价值取向的解释、规范和综合，是人与自然、人与社会以及人与自身关系的整体呈现。这方面有代表性的定义是詹姆斯·罗尔提出的：“文化通过集体意识、下意识、记忆和社会实践来回流动。它作为一个群体的风俗、道德观念、传统、价值观念和制度化的原则抽象地存在着。文化的意义精确地出现于抽象理念与现实实践的动态联系中，存在于深层文化的浸润及永久的心理结构和日常生活不甚稳固的表面之间的联系中。”③

英文中“civil”的词源是拉丁文“civil”“civilis”，原意指在城市中享有合法权利的公民。到16世纪其引申意蕴是“orderly”（有条理的、有秩序的）及“educated”（受教育的）。英文中的“civilize”出现在17世纪初，源自法文“civiliser”，基本含义是“使……进入一种社会组织形式”（to bring within a form of social organization）。在18世纪法国大革命时期，法语中出现的“civilization”指代资产阶级大革命的文化气象以及国家、社会的进步状态，此后在英语中通用，具有启蒙、进步的人类发展进程的意蕴④。至于“civilization”词义此后的演变，关键在于它被赋予了复数的形式——“civilizations”。19世纪法国历史学家弗朗索瓦·基佐在其著作《欧洲文明史》中分别

① 威廉斯.关键词：文化与社会的词汇［M］.刘建基，译.北京：生活·读书·新知三联书店，2005：101-103.
② 泰勒.原始文化［M］.连树声，译.上海：上海文艺出版社，1992：1.
③ 罗尔.媒介、传播、文化：一个全球性的途径［M］.董洪川，译.北京：商务印书馆，2012：131.
④ 威廉斯.关键词：文化与社会的词汇［M］.刘建基，译.北京：生活·读书·新知三联书店，2005：46-50.

阐述了单数和复数的文明概念。单数的文明概念指向人类普遍的人性与社会发展，即“文明由两大事实组成：人类社会的发展及人自身的发展。一方面是政治和社会的发展，另一方面是人内在的和道德的发展”①。这一单数的文明概念是启蒙时代以来英法语境中主流的文明概念。复数形式的文明概念则指向“欧洲文明”，它是欧洲各种文明的集合，经历了由“古代文明”向“现代文明”的演进，并因其进步进程而彰显出不同于其他非欧洲文明的特性。正如诺贝特·埃利亚斯所说，“文明”表现的是“西方国家的自我意识”，包括“西方社会自认为在最近两三百年内所取得的一切成就，由于这些成就，他们超越了前人或同时代尚处‘原始’阶段的人们。西方社会正是试图通过这样的概念来表达他们自身的特点以及那些他们引以为自豪的东西，他们的技术水准，他们的礼仪规范，他们的科学知识和世界观的发展等”②。

与英法不同，德国有关文化与文明的理解有较大差异。在德国，“文化”主要强调民族差异和群体特性，而“文明”是指“那些有用的东西，仅指次一等的价值，即那些包括人的外表和生活的表面现象”，人们用“文化”而不是“文明”来表现自我，来表现那种对自身特点及成就所感到的骄傲。譬如，哲学家康德在1784年的阐述，“道德观念属于文化范畴”，“而这一思想的流行，只不过造就了那些追求名誉、追求表面的礼仪规范等所谓的德行，只不过推进了文明而已”。③19世纪晚期，社会学家滕尼斯指出，欧洲“文化”到现代转化为“文明”是人类由“共同体时代”向“社会时代”变迁的结果：共同体时代以家庭生活和家庭经济为特色，社会时代以商业和大城市生活为特色，“整个文化已经变成了社会的和国家的文明，那么，在这种与之相似的形态下，文化本身也在走向没落，除非它的分散的胚胎仍然具有生命力，除非共同体本质和思想重新得到滋养，并且在行将灭亡的文化之内悄悄地发展着新的文化”。④20世纪初，历史学家奥斯瓦尔德·斯宾格勒指出，文明可以“理解为一种文化的有机逻辑的结果、完成和终局”，作为“文化的必然命运”，文明是“一种发展了的人性所能达到的最外在的和最人为的状态”，它“是一种结论，是继生成之物而来的已成之物，是生命完结后的死亡，是扩张之后的僵化”，它“是一种终结，不可挽回，但因内在必然性而一再被达成”⑤。

---

① 基佐.欧洲文明史［M］.程洪逵，等译.北京：商务印书馆，1998：233.

② 埃利亚斯.文明的进程：文明的社会起源和心理起源的研究［M］.王佩莉，译.北京：生活·读书·新知三联书店，1998：61.

③ 埃利亚斯.文明的进程：文明的社会起源和心理起源的研究［M］.王佩莉，译.北京：生活·读书·新知三联书店，1998：62，67.

④ 滕尼斯.共同体与社会：纯粹社会学的基本概念［M］.林荣远，译.北京：商务印书馆，1999：339.

⑤ 斯宾格勒.西方的没落（第一卷）［M］.吴琼，译.上海：上海三联书店，2006：30.

需要说明的是，自清末至当代，中国知识界整体上对“文化”与“文明”二词并不加以明确区分，甚至出现了两个概念互渗、交融的趋势。高力克就此指出：“文化”与“文明”在概念和语义上的融合，同中国现代化进程中现代文明与中国文化的融合趋势一致，凸显着中国现代化范畴内现代文明进步与中国文化复兴的两大主题[①]。因近代以来中国由器物到制度、文化，逐步认识到现代文明不等于西方文明，现代文明并非西方特权，故而在五四运动后的现代中国思想史中，“文化”与“文明”并行不悖、相互交融，而在这曲“文化”与“文明”的复调中，“文明”是第一主题，是中国“文化”转型的方向，即以文明为中国现代化的核心目标。直到今天，我们走到了把创造人类文明新形态作为现代化核心主题的“新时代”。

关于文化与文明的异同，知识界较普遍的共识是：文化是精神、意义以及制度内涵的综合，整体上是感性的且具体而微的，具有历史性、特殊性——文化是特定群体和社会成员共享的，也因此得以构成相对自洽的封闭系统。文明则是物质的、历史的且宏大的，具有普遍性以及拓展的正当性，涵盖广泛的文化多样性，提供着具有区别意义的、最大的人类生活“共同体”。文化与文明有大量交叉、重叠的方面，二者之间的联系千丝万缕，但并非所有文化内涵都能够成为文明构成部分。

近年来，有关文明构成的讨论，通常把文明视为物质、制度和精神文化的综合体，各局部彼此联系，保持着相对稳定的平衡关系。其中，物质囊括了人类衣食住行所必需之物，包括合理的劳动分工、稳定的生活来源和剩余收益，以及生产工具革新、科学发明等理性和实用的知识以及控制自然的技术手段。制度涉及政治制度、典章法律等维护社会运行秩序的规范，足以承受局部和暂时的秩序崩溃压力。精神文化主要包括道德、宗教信仰等传统文化以及音乐、戏剧、文学、大众文化等艺术形式。文明从整体上呈现了人类借助技术改造物质世界，通过制度协调群体关系、借助精神文化调节自身情感，从而满足基本需要、实现全面发展的程度。文明是衡量一定历史时期文化发展水准的重要标准，在教育、科学、文学、艺术、卫生、体育等领域的知识和设施方面皆有体现，并因此为国家建构提供了自我意识和身份认同。费孝通指出，近代以来物质文明的发展源于西方自然科学和技术的发展，西方现代文明代表“一种强大的历史断裂性”以及“一种不断否定历史和生活的社会性的力量”，对整个世界不同文明的影响是巨大的，冲击了许多像中国传统文化这种注重在历史的连续性中创造文化的“冷的”“持续的”社会模式[②]。

---

① 高力克．思想的复调：重思中国现代思潮中的“文明”与“文化”［J］．探索与争鸣，2021（9）：110.

② 费孝通．对文化的历史性和社会性的思考［J］．思想战线，2004（2）：3.

无论如何，讨论文明不能脱离文化，也不能抛开文明单独谈文化。文化提供了文明的核心内涵，文明是文化发展到一定历史阶段的产物，汇聚着文化的思想、成就的精华，是文化的对象化、外在化。正是在这个意义上，文化与自然相对，文明则与野蛮（barbarism）相对。换言之，文化呈现的是一个社会中长期、普遍起作用的行为模式和行动的实际准则；文明是文化演化的阶段性成果，呈现的是人类社会整体发展的世界历史进程，涉及知识的增进与传播、非理性认知（迷信）的衰落、交往的便利、战争与个人冲突的减少等方面，意味着有能力通过跨文化的广泛交往，接受更大空间的公共生活的意义，发展超越国家、区域、民族的人类主体意识，包括“对什么是善的、合意的和适当的”①的价值判断以及新的利益认知。塞缪尔·柯勒律治在这方面的观点值得深思：如果文明不能根植于“人类智能与特质的和谐发展”，那么这个民族充其量只能称为“虚有其表的”（varnished）而非“文雅的”（polished）民族②。

还要看到，文化由社会和群体内部生活相关的诸多元素累积而生，不同文化之间有不同程度的差异，文明呈现的是相对普遍的人类行为和成就，特别是在物质方面，文明也可以向外传播并与其他文明相向融合，从而使公共性不断增加、差异性逐渐减少。也是在这个意义上，人类文明新形态的“新”，并非强调物质之“新”，因为物质文明已是高度同质化的，国与国之间差异甚小。历史经验表明，一旦文明的物质内容压倒精神内容，就可能酝酿种种危机。阿尔弗雷德·韦伯早有提示：现代性危机的根本原因在于“文明压倒了文化”③，即人类因物质文明而丧失了作为自身类的自由本质，沦为物的奴隶。总之，探究文明之“新”，不应在器物而应在文化——文明形态之“新”应体现在文化方面，维持文化之“新”，文明才可能有“新形态”；文化走向“同质化”，文明之“新形态”则无以立足。

二、文化“深层结构”与文化多样性

文化是一座“大厦”，由各种各样的“材料”构成一个“整合体系”，这些材料在结构上互相联结、功能上互相依存。如果不了解这些材料的性能、作用以及相互间的关系，就不能了解“大厦”的构成、规模，更无从了解它与其他建筑的差异或相似处。构筑文化“大厦”的材料主要来自文化的三个体系：观念、规范与认知。凭借这三个体系的代代相传，文化为人类的生命过程提供了解释，帮助人类面对生存困境，同时也规范

① 费丽莫．国际社会中的国家利益［M］．袁正清，译．杭州：浙江人民出版社，2001：127.

② 威廉斯．关键词：文化与社会的词汇［M］．刘建基，译．北京：生活·读书·新知三联书店，2005：49.

③ 曹卫东，张广海，等．文化与文明［M］．桂林：广西师范大学出版社，2005：65-66.

着人类的交往行为和生活内容。

上述的文化之“新”，建基于文化的本土性及其蕴含的特殊性，本土文化演化的活力与自主性机制，以及可以预期的未来可能性。究其根基，主要是来自文化的“深层结构”。文化的“深层结构”主要关联于构成文化“大厦”的三个体系：观念、规范与认知。这三个体系分别且从整体上提供了文化特有的精神、情感、生活方式、价值观、传统和道德等方面的特质以及特质的总和。因文化“深层结构”的差异，兼之经济、政治、历史、地缘、人种等诸多方面既有的多样性，决定了文化之间无法消弭的多样性——文化多样性影响着不同文化的存在、关系和行为方式，也赋予人类文明形态之“新”。不同国家创造文明的方式以及文明命运存在差异，实质上也反映出观念、规范和认知等文化“深层结构”的差异。

第一，文化的观念体系指的是有关自我、他人、外部世界的全部思想和信念，也是渗透在人们社会行为中的具有普遍意义和系统性的观点之总和。世界观和价值观构成了观念体系的主要内容。观念体系表达了特定文化群体所共享的对社会现实的理解，是文化“深层结构”中的核心要素。在观念体系中，世界观作为人类把握世界的方式和结果，是文化关于世界本质的总观念，帮助人们生存和适应周围的世界。从人类文明早期开始，每个文化都逐步形成了自己独特的世界观。世界观包括人生观，人生观是世界观在人生问题上的表现；世界观也是方法论，当人们形成了一定的世界观之后，就会按照这些观点去解释一切现象、处理各种问题；世界观还是系统化、理论化的哲学，经过思想家自觉研究、系统阐发和逻辑论证的世界观就是哲学。观念体系中的价值观，集合了不同文化之中相对稳定、包含情感和认知成分的观念，是支配人类行为潜在的“无意识模式”，也是影响个体社会化和社会行为的主要标准，其影响宽泛而稳定。盛行于整个文化的价值观，也可称为文化价值观，具有与文化“深层结构”相适应的稳定性。需要强调的是，动态的、开放的文化演化过程，也是价值观转型、趋同以及多元化的过程。一旦价值观发生剧烈变动，就会不可避免地引起社会行动失范，甚至造成社会秩序的失控以及社会危机。价值观变动也是一个需要谨慎判断的议题，一些美国学者针对当代美国的研究就显示：许多当代美国人的核心价值观与两百年前的美国社会十分相似。

第二，文化的规范体系主要指社会规范，功能在于调整社会关系和社会交往，创造文化成员稳定的、共享的行为模式，是“影响人类活动的最为无形、强大的社会控制形式之一”①。社会规范可分为相互联系的若干方面：习俗与禁忌、礼仪与道德、宗教、制

① BETTENHAUSEN K, MURNIGHAN K. The Emergence of Norms in Competitive Decision-making Groups [J]. Administrative Quarterly, 1985, 30 (3): 350.

度与法律。其中，道德指涉个人美德、伦理价值、文化精神，也是社会观念形态和人类生活理想的反映，道德的首要特征就是民族性，即不同民族都有一套为本民族成员公认与遵从的道德体系。宗教作为一种社会规范，指的是人们将超自然的神明意志作为行为准则，并以严明的赏罚预言来规范人们的行为，具有世俗道德和法律无法比拟的强大作用；制度是依据历史沿革或围绕既定目标形成的基本行为准则和工作规程等，往往是习俗、道德、宗教等规范的具体化或复合体。制度差异也因此成为文化差异的主要方面，影响着文化"深层结构"的内蕴和构造。作为社会规范的法律，其是指法的整体，包括法律、有法律效力的解释、为执行法律而制定的规范性文件等，可以理解为文化做出的系统化选择，是社会秩序建构中的基本要素。法律的产生和存续根源于文化、民族、国家演化的实际状况。

第三，文化的认知体系是人类个体内在心理活动程序化、标准化的产物，主要由感知、思维方式、态度等构成，关涉到主体赖以获取知识和解决问题的操作和能力。不同文化中的人依靠认知认识客观世界，并对客观世界中的各种刺激做出不同反应。不同文化有着不同的认知体系，最突出的表现就是根据自己的心理结构或经验去解释、理解客观世界中的各种事物。认知主要包括感知、记忆、表象、思维等认识活动，与情感、动机、意志等心理活动相对应。感知和思维方式构成了认知的基础。感知由感觉与知觉组成，是人类认识外部环境乃至客观世界的最基本的认知形式，思维方式则反映了特定文化在历史发展中形成的较为固定的认知模式。不同的感知和思维方式制约和决定着不同文化在认知、观念等各个层面的差异，并由此逐步奠定了各个文化的"基调"，形成促进内部团结的信念以及对外合作的偏好，继而保证文化的规范与观念体系的产生和延续。

各个文化皆有观念、规范和认知体系共同构筑的"深层结构"，并因此成为独特历史的存在物，决定着文化的稳定性。它们可以在面临外部冲击时保持自身内涵、结构以及功能上的稳定和平衡。相比认知体系，文化观念、规范体系的变化较为缓慢，中国如此，西方国家也如此。但必须指出，文化的稳定性是相对的，文化演化则是绵延不绝的。生产力的发展，新的发明、观念的散播，政治生活的风云突变，全球化的各种新走向，都是文化演化的推动力。此外，文化表层的变化，无论速度还是特质，都远超"深层结构"的变化。

文化"深层结构"的差异，兼之经济、政治、历史、地缘、人种等诸方面既有的多样性，决定了文化之间无法消弭的多样性，影响不同文化的存在、关系和行为方式，也赋予人类多样的文明形态。文化多样性昭示人们：人类是相互依存的，每一种文化都以其他文化作为相对于自身的多样性，保护文化多样性则是不同文化和国家维护自身利益以及国际秩序的必要前提，亦与创造人类文明新形态的目标高度一致：推动不同文化之间越来越密切的文化联系、越来越频繁的跨文化交往，以及人类文化与国际关系活动向更高、更深层次发展。

创造人类文明新形态是对文化多样性的强调，也是面向国家文化安全与文化治理的实践策略。塞缪尔·亨廷顿指出，作为西方权力扩大、部署和影响的结果，西方文化已经传播到世界的大部分地区，“西方的力量和文化与所有其他文明的力量和文化之间的关系就成为文明世界最为普遍的特征”[①]。在与西方文化之间的抵牾和较量中保护文化多样性，为人类交往注入更多的公正、平等和未来，推动人类进入多种文化竞争共处的时代，是创建文明新形态承载的历史使命，意味着直面文化领域帝国主义支配的历史，以及当代人类传播转型和全球文化“同质化”的冲击，保持自身独立地位以及在全球竞争中的精神实力。全球化推动的民族与文化界限不断融合、重构，为文化多样性提供了更大的宽容性前景和自由生长空间，也提供了评价文明新形态的重要标准，即对本土文化多样性的宽容和保护程度，与文化安全与治理领域的各方面实践密切关联，包括守护本土价值、伦理体系之于民众的正当性和神圣性，调节主流文化与外部文化和内部亚文化之间的关系，以及培育全体国民对自己所属文化和政治共同体的辨识、期待和情感，等等。

民族国家文化建设以及创造文明新形态的实践中，文化多样性是具有深远影响的资源，也是一把“双刃剑”，攸关文化安全和文化治理意义上的重大目标：拓展本土文化在世界历史进程中展现、存续的空间。本着文化多样性观念，开展人类文明新形态讨论的主要目标在于，应对、改变帝国主义支配和全球文化“同质化”的现状，客观认识本土与外部文化的“深层结构”及其各自的位置、价值，议题涉及：民族国家内部的族群关系、文化多样性保护以及文化资源的使用方式，全球消费文化扩散与本土文化认同，民族主义、技术发展对国家建构和文化安全的影响，本土后现代文化的反叛性、多元性对西方文化的重构，等等。同时还需强调，民族国家不是文化多样性的唯一单元，族群、地域、社群、阶级、性别乃至个体等皆为文化多样性的载体，故此，研究者特别要重视的议题是：如何通过明确而不妥协的文化安全诉求，革新本土文化资源的组织方式，建立更为完善的本土文化多样性保护机制，以维护内部民众文化对所属文化的辨识、情感和认同。

---

① 亨廷顿 . 文明的冲突与世界秩序的重建［M］. 周琪，等译 . 北京：新华出版社，1998：199.

三、理解文化的学科基础与创造人类文明新形态的“全球视域”

理解文化，是辨析国家与文明之间复杂的支配、抵抗、同谋以及隐藏在表象背后的权力关系的前提。伊曼纽尔·沃勒斯坦说过：“文化是人们用来包装其政治—经济利益和动机以便表达它们，掩饰它们，在时空中扩大它们并牢记它们的领域。”① 在这个宗教、价值观、语言、社会组织和生活方式被打破甚至相互对立的世界，如何理解文化，进而在创造各自文明形态的同时，与他者实现互惠性理解，攸关每个国家的利益，以及这个日益碎片化、象征化、冲突化世界的未来。故而，开展创造人类文明新形态的学术讨论，凸显了国际关系中文化因素的影响与制约功能，文化的意义阐释，文化的独立、个性与抗争，文化冲突与解决途径，文化的自立、发展，文化的安全和治理，以及文化之于国家和“共同体”的意义乃至全球文化秩序的重建等，将继续成为相关“问题领域”的讨论主题。

创造人类文明新形态是重大的国家成长目标，必定影响人类文化的整体前景。人类文明新形态呈现的是社会与文化的流变，涉及本土文化与外部文化之间，以及本土社会结构、社会规范、价值观、思维方式等方面的调适与变迁，意味着影响深远的文化和社会变革。如前所述，文明新形态的内涵发展，既要基于国情和本土文化的个性，也离不开人类文化的普遍性。面向这一目标，研究者离不开与外部环境的互动和内部的理性衡量，包括如何厘定自身文化身份，处理传统与现代化的关系？如何在文化传统与现代性之间找到恰当的结合点，实现本土与全球社会的接近和融合？面对世界历史的方向以及现代化指向的人类精神，如何构建可持续创造、发展人类文明新形态的路径，为人类共同生活提供具有普遍性、公共性的伦理贡献？

面对当前大变局中的全球社会以及创造文明新形态实践的复杂性，有关文化的理解尚缺乏把众多变量和现象乃至零星事实关联在一起的知识系统，需要鼓励开放、理性的学术探讨，发展多元、多维的知识话语。笔者认为，借鉴跨文化传播等领域的学科建设经验，可通过关注人类学、哲学、历史学、政治学、传播学、文化研究（cultural studies）以及社会学、心理学等多学科的概念、理论和方法，整合来自不同立场、思潮和流派的知识，使之在科学、理性界面上交流碰撞，以呈现人类知识系统对文化命题的多种解释，进而把握全球社会中变幻莫测的文化活动，以及本土与外部文化之间的种种“秘密”和权力关系。

---

① 沃勒斯坦．现代世界体系（第2卷）［M］．罗荣渠，译．北京：高等教育出版社，1998：68.

譬如，人类学的主要目标是研究人类社会中的行为、信仰、习惯和社会组织的起源与发展，以及文化和社会演化的规律与动力。人类学提供了不同社会、文化背景下政治、经济、法律、教育、语言、心理等方面运作的标本和研究范例，以异域社会为调查对象的知识传统，以“人类的整体性”、文化相对主义等认识论为支撑的人类普遍关怀的学术伦理，以及对人类平等交往和集体命运的使命感。人类学有若干分支，其中文化人类学致力于研究与人的生物特性相区别的社会与文化现象，描述、分析、解释人的思想与行为方式，以及社会和文化异同，包括不同文化在习俗、宗教、制度等方面的共性与差异。这也提供了一个启示：理解文化以及探寻文化反省、对话和共存的可能，离不开理解“异文化”，继而获得对本文化乃至全人类文化的理解。特别是 20 世纪后期以来，文化人类学的研究更为重视对人类境遇的关怀，以及对西方知识体系的反思，这有助于在相关讨论中觉察、摆脱现代性的支配话语。

再如，哲学的研究对象是包括文化现象在内的整个自然界、人类社会及思维活动的最一般的规律。哲学研究的视域覆盖了所有文化社会学科，以其构建的终极关怀作为“经纬线”或“意义纽带”，把文化各个门类“编织”为一个统一整体，并因“照亮人类的前程”而蕴含着终极价值。与哲学研究结合，有益于深层分析不同文化群体的价值系统、文化与社会变迁的关系、文化的人类通性与差异性、人类交往的公共性伦理等议题。尤其是，哲学对于整体性意义上的文化观念的关注，形成了充分理解文化与文明核心命题的思想基础，在面对不同文化的交往方式、技术发展、文化冲突与文化融合、全球文化的可能性、文明复兴等论题时，仍需要借助综合考量的哲学意识：文化交往乃至文明演化是各种过程叠加的结果，不能忽略政治、经济、文化等各个方面任一要素的影响。

又如，文化研究的学术旨趣主要在于：考察文化活动及其与权力的关系，把握文化所有的复杂样貌，以及分析社会与政治脉络中的文化展现。雷蒙德·威廉斯指出，文化研究的目的是阐明作为一种特殊生活方式的、或隐或显的意义和价值，“它研究特殊意义和价值，目的不在于对它们进行比较以确立一种标准，而是通过研究它们的变化方式，去发现从总体上更好地理解社会和文化一般发展的某些一般‘规律’或‘趋向’”。[①] 文化研究的旨趣宽广，涉及后殖民写作与话语的种族研究、女性批评和写作话语的性别研究，以及大众文化的生产和消费研究等，并具有“去边缘化”“去地域化”“去中心化”等特征。特别是文化研究致力于突破精英文化与大众文化、东方文化

① 罗钢，刘象愚．文化研究读本［M］．北京：中国社会科学出版社，2000：126.

与西方文化间的屏障，理论话语具有鲜明的意识形态和“去中心化”特征，并开创了社会与文化研究的一整套方法，包括文化的生产与政治经济学分析、文化的文本分析、文化的受众与接受分析等，值得整体借鉴。

此外，社会学是关注社会结构与社会变迁、面向社会现实问题的应用性学科，研究对象涉及历史、政治、经济、社会结构、人口变动、民族、城市、乡村、社区、婚姻、信仰与宗教、现代化等诸多方面，与文化乃至文明的构成密不可分。社会学所发展的有关规范、认同、社会化、符号互动、社会组织、社会冲突、社会分层等概念和理论，皆能作为文化和文明研究的根基。心理学研究的是心理现象的事实、规律和机制，在心理学的视域下，文化是个体具有共性的心理程序，决定了情感、态度、思维以及对利益的认知。把握文化和认知之间的关系及其在传播中的作用，文化与语言、思维方式和社会偏好的关系，以及基于文化多样性的事实，避免权力与知识的支配关系导致的利益认知和意识形态的偏见，都离不开心理学的提示。

创造人类文明新形态，意味着从本土社会走向全球化世界的远征。全球化是人类交往在全球空间的“延伸”，推动了世界上各种文化和人群具有世界历史意义的“普遍交往”。因此，研究者需要借助多门学科基础，发展有益于扩展知识边界的“全球视域”，走向更为广博和更为深度的文化以及文明认知，以整体审视文化之间的复杂互动和各个文化正在发生的变动和演化，同时也要解释，全球性（globality）和人类文化的某些普遍性在日常生活中的涵化过程，以及在何种程度上成为共同的文化以及文明构成。

国与国的相遇既是文化的相遇，也是文明的相遇。毋庸多言，创造人类文明新形态的成效，攸关本土文化与外部文化的共同存续，也决定自身经济、政治等领域的发展前景，以及应对全球不平等格局的成效。这一过程必定充满不确定性和未知因素，学术上需要直面极具挑战性的众多问题，特别是何以通过创造人类文明新形态，提炼自身文化中具有改变人类生活积极意义的文化要素，使本土文化能够在文明意义上为人类共同生活提供某些具有公共性、全球性的内容，进而与其他文明携手努力，推动人类社会朝着和谐、进步的方向演化，同时，推动人的个性与类型的自由全面发展——无论如何，人的个性与类型，最能揭示文明形态的本质与价值。

历史经验表明，在文化和文明议题上，囿于一国视角必定是偏狭且危险的，基于“全球视域”观察、理解和表述本土与外部文化、文明的知识系统，应当有能力从整体观照人类文化以及文明演化，并实现全球场域与本土场景的融合。面对中国文化和社会的独特性以及特定的知识需求，人类学家马林诺夫斯基早有提示：运用在“简单社会”中发展的理论去面对中国时应十分谨慎，因为中国社会是“复杂的文明社会”。马林诺夫斯基的学术研究体现了那个时代西方学者中鲜见的“对非西方人文世界的历史和现实作用的尊重”，他的学生费孝通深有体会，进而指出：“文化自觉是一个艰巨的过程，首先要认识自己的文化，理解所接触到的多种文化，才有条件在当今多元文化的世界里确立自己的位置。”①

四、结语

人类文明形态的创造以及世界文明格局的重构，是全球场域下文化要素流动、延伸、发展和文化与国际关系的复合进程，其间各种文化关系和文化实践的表现、路径以及内在机制等，皆需要相关研究的深入阐发，使知识积累渐臻完备，从而在相关决策和实践中发挥效用，尽可能地避免偏见以及盲目行动的风险。

研究者应根据创造人类文明新形态的时代要求，重新梳理有关文化、文明的知识、方法，增进有关文化与文明的理解，进而以更高站位的文化自觉、更积极有为的全球视野，修正、发展人类文明新形态的内涵和实践策略。基于本文讨论，应有几个侧重点：第一，能够从宏观视野关注中国文化和文明问题，以汇聚中国文化与文明的诸多问题和期待，包括描述、剖析自身与外部文化的“深层结构”，开展微观、细致的“文化基因”研究；第二，能够基于人类生存、发展模式的多样性，把握交往理性、对话、国际合作以及人类公共伦理等思想主张，寻求中国文化与其他文化在价值、情感、审美和伦理层面的共振，以及中国文明为人类文明作出贡献的路径；第三，借助不同学科的理论和测量、分析技术，推动有益于创造人类文明新形态实践的知识生产和观念更新，进而从整体视域审视全球文化变迁和人类交往，理性判断中国文化和文明在全球格局中的位置，使人类文明新形态的创造，始终以中国与外部世界积极互动的“文化生态平衡”为目标，始终不偏离人类文化协调互动、共同演化的轨道。

创造人类文明新形态的成效，关乎全球文化领域整合、重启的可能性，以及人类的集体命运。这也是党的二十大报告有关“中国式现代化”表述的题中之义：“丰富人民精神世界，实现全体人民共同富裕，促进人与自然和谐共生，推动构建人类命运共同体，创造人类文明新形态。”② 开展相关研究的效力，离不开研究者对全球文化变迁的审思、对人类交往寄予的道德期望以及对人类共有利益和公共性伦理的思考能力。这里尤其迫切的，是建立能够整体观照人类文化以及文明演化的知识框架，使之既能扎根本

① 费孝通 . 对文化的历史性和社会性的思考［J］. 思想战线，2004（2）：3-6.

② 习近平 . 高举中国特色社会主义伟大旗帜 为全面建设社会主义现代化国家而团结奋斗——在中国共产党第二十次全国代表大会上的报告［EB/OL］.（2022-10-16）［2024-03-01］. https://www.gov.cn/gongbao/content/2022/content_5722378.htm?eqid=a6c337fc0001249b000000046459c4d8.

土，观察实际生活中种种微妙的文化现象，探寻本土文化的“深层结构”以及本土文明形态的现实和选择，也能面向世界，审视本土文化、文明与外部的复杂交结，为攸关内部“共同体”以及人类集体命运的文化与文明命题提供解释、策略，以“务实求新”[①]的努力，竭尽全力地推进本土文化的现代化进程，寻求中国与世界相向融入、共生共存的新局面。

① 费孝通. 对文化的历史性和社会性的思考［J］. 思想战线，2004（2）：4.

霍布斯国际关系现实主义思想探析

肖欢容[①]

【摘要】本文指出，霍布斯的现实主义国际关系思想存在秩序井然的逻辑线索。从自然人性到人的权欲观和基于自然理性形成的自主安全观，霍布斯深刻揭示了国际关系现实主义中“国家也即人”的观念特性；从自然状态下的“丛林法则”到摆脱自然状态需要对自然法的遵循，霍布斯探讨了国际关系战争状态到自我保全需要法律规制和国家保障的观念；从自然法到和平实现和绝对主权者保障的需求，霍布斯展现了个体主义权利观念和主权者产生的逻辑理路；从主权者的责任义务到主权者间和平的暂时性，霍布斯思想隐含着国际关系中大国逻辑的重要线索，加上霍布斯为主权者提供的智识建议，无不深刻体现霍布斯的现实主义国际关系思想逻辑。

【关键词】霍布斯；国际关系；现实主义思想

与修昔底德和马基雅弗利一样，托马斯·霍布斯（Thomas Hobbes，1588—1679）由于对政治理论和国际关系现实主义思想的贡献而闻名。除了将修昔底德的《伯罗奔尼撒战争史》译成英语，霍布斯试图将政治哲学建立在科学和世俗的基础上，从而开启了英国现实主义经验政治哲学。为此，大部分论述霍布斯的著作都把他放在政治思想史中考察，特别是把他与培根的思想革命和现代机械唯物主义的科学革命结合起来。霍布斯是他那个时代的机械唯物主义者，其探求的主旨是通过运动的法则考察和解释人类在社会和伦理层面的条件。同时，他也被看作实用主义的先驱，从自我主义心理学演绎出政治哲学，将道德和政治义务建立在自我利益的算计基础上。此外，霍布斯对自然法思想的贡献也很重要，在这个问题上他被看作康德义务论伦理的先驱。[②]

---

① 肖欢容，中国传媒大学政府与公共事务学院教授、副院长、博士生导师。

② BOUCHER D.Political Theories of International Relations：From Thucydides to the Present［M］.Oxford：Oxford University Press，1998：146.

除政治哲学思想贡献外，霍布斯被国际关系学者津津乐道的是他的自然状态与国际关系无政府状态的类比，现实主义的“丛林法则”由此成了霍布斯的代名词。事实上，霍布斯国际关系政治现实主义的思想内涵非常丰富，其思想主要包括以下四方面内容。第一，霍布斯将人性归结为自然欲望和自然理性，两者体现的是国际关系现实主义的权欲观和自主安全观；第二，从自然状态的观念，霍布斯展现了国际关系无政府状态观念，而自然状态中的人为了保全自己，需要摆脱自然状态，从而需要遵循自然法；第三，遵循自然法可以实现和平，但和平的保障最终需要主权者才能更好实现；第四，霍布斯关于主权者之间的关系的思想观念，更体现了国际关系现实主义关于国家间关系的重要思想。

一、人性与现实主义的权欲观和自主安全观

根据列奥·施特劳斯的分析，古典政治哲学与现代政治哲学的根本区分在于：在古典政治哲学以法律和规范为基点的地方，现代政治哲学则以个体的权利取而代之，成为政治学说的出发点，由此施特劳斯将霍布斯视为现代政治哲学之父。[①] 的确，同培根、笛卡儿等启蒙运动的先驱人物一样，霍布斯也是从人或万物的普遍永恒性质中吸取和批判既有制度，并提出改革这个制度的原则。霍布斯写道：“我出于思想的缘由而研究哲学，并且我搜集了哲学的所有第一要素，并按次序将它们整理为三类，记录如下：首先，我处理物体，以及它的一般性质；其次，我处理人以及他特有的能力和感情；第三，则是市民政府及臣民的责任。”[②] 物体—人—政治制度组成了霍布斯思想体系的一个逐级的同构序列，正如在自然与宇宙中他从研究物体出发一样，对于政治生活的探讨则以人为出发点。与笛卡儿认为的人是一个自我可以通过理智把握自己的存在不同，霍布斯干脆就认为人只是物质的和肉体的，由各种欲望和情感构成的方方面面，而这正是政治科学的真正基础所在。霍布斯把他的人性理论归结为两条最为确凿无疑的人性公理，即自然欲望和自然理性。这两条人性公理在国际关系现实主义思想中形成了国家对权力的追求和国家自主安全观的重要思想。

第一，霍布斯关于人类欲望的自然主义观念，首先体现的是人的夺取权势、维持权势的观念。霍布斯指出，人渴望权力，本能地和无休止地渴望越来越大的权力。权欲一涌而出，并不是由无数孤立感性知觉，唤起无数的孤立欲望，最后综合积累而成的。用霍布斯的原话来说：“我首先作为全人类共有的普遍倾向提出来的便是，得其一思其二、

① 施特劳斯．霍布斯的政治哲学［M］．申彤，译．南京：译林出版社，2001：155.

② 林国荣．自然法传统中的霍布斯［M］// 渠敬东．现代政治与自然．上海：上海人民出版社，2003：25.

死而后已、永无休止的权势欲。造成这种情形的原因，并不永远是人们得陇望蜀，希望获得比现已取得的快乐还要更大的快乐，也不是他不满足于一般权势，而是因为他不追求就会连现有的权势以及取得美好生活的手段也保不住。”① 国际关系及现实主义对权力和利益的无休止追求，霍布斯在此阐述得淋漓尽致。

第二，霍布斯指出，对权力的追求，可能是非理性的，也可能是理性的。非理性地追求权力更为常见。只有这种非理性地追求权力，才被认为是人的自然欲望。而对权力的理性追求则是经过理性反思，因而不是自然的，即不是先天固有的。非理性的对权力的追逐，是“人们自从出生，就自然地抢夺他们所觊觎的每一件东西，只要他们力所能及，他们就要让世界惧怕他们，服从他们”。这就是说，当人的感性知觉唤起一个具体欲望的时候，他却“渴望”对整个世界享有绝对支配，这不可能来自对事物的感性知觉，因为动物同样感知，也有欲望，但它们并不追求绝对统治。人这种无穷尽的、绝对的欲望，来源于人自身固有的本能。②

通过非理性的欲望，霍布斯实际上指出了后来国际关系现实主义者强调的权势追求的限度的观点。也就是说，非理性地追求权力是被不允许的，而理性地追求权力是可以被合理地允许的。霍布斯指出：“由于有些人把征服进行得超出了自己的安全所需要的限度，导致其他那些本来乐于安分守己，不愿以侵略扩张其权势的人，也不能单纯只靠防卫而生存下去。其结果是这种统治权势的扩张成了人们自我保全的必要条件，应该加以允许。”③

第三，霍布斯最终的落脚点是，非理性的权力追求是自然状态的，需要力求避免。因此，可以清楚地看到，理性的对权力的追求，本身是有限的。而非理性的对权力无限制的追求，事实上将导致人人为战的自然状态，因而需要力求避免。这也是肯尼思·华尔兹在《人、国家与战争》一书中，在对影响人们思考国际社会思想观念的第一种想象进行考察的时候，沿着这种思想线索的原因。正如华尔兹指出的：“根据国际关系的第一种想象，最重要的战争原因在人的行为和人性之中。”④

第四，从自然理性出发，霍布斯展现了国际关系自主安全观的重要思想。霍布斯的第二条人性公理是“自然理性公理”，“它教导每一个人，逃避反自然的死亡，这是

① 霍布斯 . 利维坦［M］. 黎思复，等译 . 北京：商务印书馆，1985：72；施特劳斯 . 霍布斯的政治哲学［M］. 申彤，译 . 南京：译林出版社，2001：11-12.

② 施特劳斯 . 霍布斯的政治哲学［M］. 申彤，译 . 南京：译林出版社，2001：12.

③ 霍布斯 . 利维坦［M］. 黎思复，等译 . 北京：商务印书馆，1985：93；施特劳斯 . 霍布斯的政治哲学［M］. 申彤，译 . 南京：译林出版社，2001：12-13.

④ WALTZ K.The State and War［M］.New York：Columbia University Press，1965：16.

可能对自然发生的最严重的危害”。根据自然主义的论证，这条公理被归结为自我保存原则：鉴于保存生命是满足任何欲望的绝对必要条件，因此自我保存被视为“首要的善”。[①] 霍布斯的这种自然理性公理推演出来的自我保存原则，在现实主义国际关系理论者看来体现的是国家自主的安全观。在霍布斯看来，保存生命是首要的善，这一点可以被理性确认，而且只有在理性那里才能得到确认。与此相对，死亡是首恶，这一点凭借惧怕死亡的激情就能被确认。正是惧怕死亡的激情，才迫使人通过理性意识到保存生命是他最重要、最急需的善之所在。霍布斯眼中的死亡，并不是自然意义上的死亡，不是痛苦折磨中的死亡本身，而是威胁着一个人的、被他人手中的暴力所造成的横死（violent death）。这种对死亡或横死的恐惧，是每个人的自然生命必须面对和无法逃避的。这种激情激发了人最初的原始的自然愿望，即自我保全。

自然使每一个人都处于自由且平等的状态，在此，每一个人都面临着同样程度的被别人杀死的可能性，能力平等导致欲求平等。导致所有有着同等欲求的人们之间无止境的竞争，努力排挤、驱逐、征服甚至杀害敌对者以免除死亡之险，求得自保。对自我保全的欲求由此取代了亚里士多德的目的（telos），自然法就是从人们自然保全的欲望中加以推演，自我保全成为正义和道德的唯一根源。基本的道德事实是基于此种欲望的权利而非义务，而义务是从这一基本的自我保全的权利的要求中衍生出来的。[②] 霍布斯的这种自我保全观念，是国际关系现实主义把国家生存与安全看作大的国家利益的重要渊源所在。

二、自然状态与无政府状态观和对自然法遵循的需求

霍布斯并不认为他所描述的、先于市民社会创立的自然状态实际存在。而且，他所描述的自然状态是没有政府权威或没有任何政府结构的社会。尽管政治学界对霍布斯这种自然状态的先设性与其政治思想基础的关系存在着种种疑问，但他的这种论断却哺育了国际关系现实主义无政府状态体系观。霍布斯的自然状态观念中，人的本质平等、不确定性和感官平等以及相互敌对的观念，充分体现了国际关系中的无政府状态。由于这种无政府状态，人们希求和平，并因此需要遵循自然法则。

第一，霍布斯指出，在自然状态中，人们之间本质上是平等的。而正是这种平等的个体的自然欲望，导致人们对稀缺资源的争夺，从而产生人人为战的自然状态，亦即国

① 施特劳斯．霍布斯的政治哲学［M］．申彤，译．南京：译林出版社，2001：18.

② 霍布斯．利维坦［M］．黎思复，等译．北京：商务印书馆，1985：92；林国荣．自然法传统中的霍布斯［M］//渠敬东．现代政治与自然．上海：上海人民出版社，2003：28；施特劳斯．霍布斯的政治哲学［M］．申彤，译．南京：译林出版社，2001：21.

际关系中的无政府状态。在自然状态中，人们在本质上大致是平等的，受他们的激情控制，因此，虽然一些人在体能上比另一些人强壮，但“最弱的人运用密谋或者与其他处在同一危险下的人联合起来，就能具有足够的力量来杀死最强的人”。① 从这种自然能力上的平等出发，就达到人们所希望的平等，一旦任何两个人想取得同一东西而又不能同时享用，彼此就会成为仇敌。“在没有共同权力使大家慑服的时候，人们便处在所谓的战争状态下。这种战争是每一个人对每个人的战争。”然而，霍布斯所要表达的不仅仅是一种暴力冲突状态，还包括和平没有保障的状况。在战争状态中，和平的获得仅仅是靠相互间对死亡的恐惧，或者说和平仅仅是因为战争的威胁才得以留存。“正像坏天气的本质不在于一两场雨，而在于许多天的坏天气加总而得的一个总体倾向一样，战争状态也不在于实际的格斗，而在于一个可知的争斗倾向，并且一直没有与之抗衡的保证。”②

这种状况具有破坏性的后果，因为在自然状态下，人的安全处于不确定状态。这意味着土地的耕作、航海、外洋进口商品的运用、建造舒适的建筑、搬运重物所需的工具、地貌的知识、记录时间的方式、文艺、文学、社会结构等都不存在。最糟糕的是，人们不断面临暴力死亡的恐惧和危险，生活变得孤独、贫困、卑微、残忍而短暂。在这种情况下，不存在所谓“不公”的概念。正义与非正义、公正与非公正的观念在此处无法成立。没有公共权力的地方就没有法律，而没有法律的地方也就无所谓不公正的概念。暴力与欺诈在战争中是两种美德。③ 简言之，只有市民社会才能设立调解争端的机制，强制执行契约。

第二，霍布斯认为，在自然状态中，不确定性和人的不安全感同样普遍存在。这种自然的状态对于霍布斯来说就是追求公平，显而易见的威胁会引发暂时的团结。但是，没有人能够永远保持相对于别人的优势。更为重要的是，每个人都可以自由地追求幸福，依据客观环境允许的程度。但实际上，没有人能在其一生中始终享受成功。如果建立一个有组织的政府是如此之难，每个人就会想方设法地控制他周围的人，这种欲望是客观存在的。为了达到这个目标，并防止被别人控制，就促使诞生痛苦的源泉。不可避免地，竞争与不安全感成为人的一种本性。别人同样渴望你想得到的，甚至是你已经得到的东西。在一个充满竞争且缺乏稳固联系的客观世界中，不安全感很普遍。因为众人

① 霍布斯．利维坦［M］．黎思复，等译．北京：商务印书馆，1985：92.

② 霍布斯．利维坦［M］．黎思复，等译．北京：商务印书馆，1985：94；林国荣．自然法传统中的霍布斯［M］//渠敬东．现代政治与自然．上海：上海人民出版社，2003：30.

③ 霍布斯．利维坦［M］．黎思复，等译．北京：商务印书馆，1985：96.

的行为是不可预测和不确定的。每个人都必须被看作潜在的进攻者。在这种情况下，人与人几乎处于同等地位。霍布斯对于所有人感觉上的平等观念与相互行为间的不可预测性和不确定性，成为现代心理学和国际关系理论的重要来源。

第三，霍布斯指出，纯粹的自然状态就是互相反对的战争。人们并不总是试图控制他人，他们只是简单地享受生活和避免伤痛。但是在自然状态下，为了在不确定的环境中生存下去，他们唯一的途径就是对周围的人保持强势。否则，周围人的势力就会超过他们。这并不是什么侵略，而是恐惧的必然结果。这种心态并不必然导致侵略，相反，侵略起源于双方对局势的错误分析。用霍布斯的话说，生活是孤独的、贫穷的、麻烦的、残忍的。在这种情况下，人们会停止追求更高层次的生活满足，而是转而关注自身的生存，并且不择手段。

霍布斯的自然状态通常被用来与国际体系相类比。就像自然状态下孤独的个体一样，国际体系中的国家也在尽力维护自己的独立。就像自然状态下的个人存在战争倾向一样，国际体系也存在持续的紧张和冲突的可能性。最明显的比较是，“就具体的个人来说，人人相互为战的状态虽然在任何时代都从没有存在过；然而在所有的时代中，国王和最高主权者由于具有独立地位，始终是相互猜忌的，并保持着斗剑的状态和姿势。他们的武器指向对方，他们的目光相互注视；也就是说，他们在国土边境上筑碉堡、派边防部队并架设枪炮；还不断派间谍到邻国去刺探，而这就是战争的姿态”①。

第四，必须指出的是，霍布斯的自然状态的性质引导人们寻求遵循自然法则的需求。对霍布斯来说，自然状态和国际体系都反映了缺乏“共同权力”来强制秩序的情形。换言之，这是一种无政府状态，正如我们在探讨修昔底德时所看到的。无政府状态的体系结构促成了猜疑和不信任。然而，必须指出的是，霍布斯的这种猜疑和不信任并非源自缺乏共同权力的存在；相反，这种态度和行为反映出人性不受任何共同的权力限制。② 霍布斯指出的自然状态被分解成最基本的、最简单的元素，即孤立的个体，他们不受任何形式的外在限制，不服从他人或某种等级秩序，他们是完全自主和自给自足的。事实上，霍布斯的这种缺乏权威和权力限制的自然状态毋宁说是一个夸张的逻辑表述。这种先设的无社会结构的状态旨在帮助人们努力认清自我，并意识到这种难以忍受的糟糕状态最终会被摒弃。如何摆脱这种糟糕状况，霍布斯由此提出了实现和平条件的要求，即对自然律也就是自然法的遵循。

---

① 霍布斯 . 利维坦［M］. 黎思复，等译 . 北京：商务印书馆，1985：96.

② KAUPPI M, VIOTTI P.The Global Philosophers：World Politics in Western Thought［M］.New York：Lexington Books，1992：165.

摒弃糟糕状况遵循自然律，即霍布斯所言："以上所说的就是单纯的人性使人实际处于恶劣的状况。使人们倾向于和平的激情是对死亡的恐惧、对舒适生活所必需事物的欲望，以及通过自己的勤劳取得这一切的希望。于是，理性便提示出可以使人同意的方便易行的和平条件。这种和平条件在其他场合下也称为自然律。"[①] 自然不能充当人们生活的直接指南，而是向人们昭示应该避免什么。从自然状态中唯一可以得到补偿的是人们有可能摆脱自然状态。人们恐惧死亡，希望和平。理性，伴随着恐惧、希望的激情，提出了人们和平相处的基本的共同法则，即自然法。

三、自然法与和平的实现和对绝对主权者的需求

如前所述，在霍布斯的思想中，由于自然状态导致人们对和平的需求，而和平的实现需要遵循自然法。由此思想线索出发，霍布斯认为自然法与和平实现的保障在于绝对主权者的出现。霍布斯的自然法不再是对宇宙理性的分享或对永恒律的参与，而是一套独立的理性主义体系，在其中，人们寻求最大限度的自我保全，而和平是自我保全最好的途径；在不能得到和平时，则可以利用包括战争在内的一切有力手段和条件，以满足个人的自我保全的要求。这是自然法理性诫命的首要条款。霍布斯从自然法到和平实现的观点，主要体现在以下四个方面。

第一，霍布斯从自然法推导出自我保全的个体权利，由此进行了权与律的区分，从而赋予个人权利与和平实现的关联性。由此线索，有学者认为霍布斯是现代自由主义的先驱。霍布斯自然法理论的核心是自我保全这样一个个体的权利要求，而不再是某种先在的有恒秩序及其划定的人们要求承担的必然性义务。他在权与律之间第一次作了区分："权在于做或不做的自由，而律则决定并约束人们采取其中之一。所以律与权的区分就像义务与自由的区别一样，两者在同一事物中是不相一致的。"[②] 这种区分是政治思想史的一个决定性转折点，它划定了一个从永恒秩序向人、从规范和义务向权利转变的新时代，也赋予了自然法论述以个人主义的根本特征。现代自由主义者都承认所有的自然法则以及所有社会和政治责任及义务都源于并服从于自然权利。就此而言，可以认为霍布斯是现代自由主义奠基人。[③]

个体主义权利与和平实现的一个重要特征就是理性。理性通过指示多种途径帮助人们达到和平状态，但在自然状态中没有一条途径是行之有效的，人们的相互敌对、猜疑

① 霍布斯．利维坦［M］．黎思复，等译．北京：商务印书馆，1985：96-97；林国荣．自然法传统中的霍布斯［M］// 渠敬东．现代政治与自然．上海：上海人民出版社，2003：30.

② 霍布斯．利维坦［M］．黎思复，等译．北京：商务印书馆，1985：97.

③ 林国荣．自然法传统中的霍布斯［M］// 渠敬东．现代政治与自然．上海：上海人民出版社，2003：31.

阻止了人们依理性的诫命行事。因此，达到和平状态的首要条件就是通过一个普通的契约使人们同意彼此放弃相同的权利给第三者，即国家或主权者，以此脱离战争状态，达到和平状态。①

第二，霍布斯指出，战争是保全和平的重要手段。对霍布斯来说，政治的主要分析单位是个人，自然法事实上是为帮助和指引个人争取生存的斗争而精心设计的真正的规则。这些规则并未建立在宗教律令的基础上。个人最基本的权利是自我保护，这导致每个人为了保全自己反对敌人可以做任何事情。在自然状态中，每个人都可以杀死任何人，最基本的激情是对死亡的担心。这导致第一个自然法则：每个人只要有获得和平的希望，就应当力求和平。

因此，霍布斯的自然法原本具有假言命令的形式：“为了追求自保，做这些事！”在自然群居生活中获得和平与安全的途径，似乎也已由自然法明示。不仅如此，因为生活与和平乃是善，其反则为恶，故自然法作为追求善的途径，也已经指出什么是道德上的德行与罪恶；霍布斯甚至认定自然法之理论构成了真正的道德哲学。从这两方面来看，自然法的存在代表一套基本的社会生活规范已经形成，虽然这时尚未见主权者及国家的设立。②

第三，霍布斯认为，人的固有的认识不足导致需要主权者，因为最终只有主权者能够确保和平。在霍布斯看来，尽管自然法驱使人们走向和平，但是由于人们固有的认识和理性等方面的不足，导致无法有效地遵从自然法，从而需要一个主权者来确保自然法或和平的实现。霍布斯指出，人们在自然法面前认识的不确定性，导致需要主权者。这有两个原因。一是由于当事人在原则上无法判断他人是否遵循自然法，所以当事人最好的策略是永远认定他人并未遵循自然法，借以解除他本人遵循自然法的义务。二是自然法的用意在于协助人们实现和平与安全，因而人们皆承认自然法为善，战争状态为恶。源自霍布斯政治哲学的自然法在国际社会理论中起着重要作用，这是因为霍布斯认为自然法等同于国际社会法。

霍布斯从自然法推导出和平的实现需要主权者，因为主权者能够确保认识和理性不足之人的和平。霍布斯认为，主权者的权力绝对而不可分割，并且几近全能。主权者拥有立法权、司法权和行政权，以及其他多种制造和管理一个国家所必需的所有权力。在人们所能授予他人的权利中，主权是最大者。主权者可以不受任何外来限制地使用这一

---

① 林国荣．自然法传统中的霍布斯［M］// 渠敬东．现代政治与自然．上海：上海人民出版社，2003：34.

② 钱永祥.伟大的界定者：霍布斯的绝对主权论的一个新解释［M］//渠敬东.现代政治与自然.上海：上海人民出版社，2003：140-141.

权力。如果有人能够限制主权者，那么主权者将不再成为主权者。与博丹一样，霍布斯的主权观念也可以分为对内主权和对外主权，通过一系列的规定和解释，这两个方面构成了霍布斯的绝对主权观。

第四，在主权者确保和平关系的基础上，霍布斯除了强调主权者采取的判断及作为合乎自然理性，还进一步对绝对主权观进行了阐述，具体内涵体现在个人与主权者的关系、主权者与法律的关系以及主权者与教会的关系等方面。

首先，霍布斯认为，个人与主权者的关系，体现的是主权者具有绝对权威。霍布斯否认人们和主权者之间存在契约，在主权者的权力设立之前，只有人群，只有一群相互争斗的孤立的个人。他们在订立契约时几乎放弃了对所有事物的权利，而仅仅享有对自己生命的权利。即使是这种权利也只是事实上的权利，因时因地而有大有小，要看主权者认为怎样有利而定，它并不意味着对主权者权力的限制，由于"主权代表人不论在什么口实之下对臣民所做的事情没有一件可以确切地被称为不义的或侵害的，因为每一个臣民都是主权者行为的授权人"[①]。

其次，霍布斯认为，主权者与法律的关系，体现的是主权者是法律的制定者。霍布斯之后的普遍信念是法律至上论，国王必须在法律之下，法律塑造了国王。事实上，霍布斯明确否定了这种论断，他认为主权者具有制定和废除法律的权力。霍布斯将法律定义为主权者向臣民发布命令，这一命令公开而明确地宣布人们可以做和被禁止做的事情。在所有的国家中，唯有主权者是立法者，主权者居于法律之上。法律与主权者体现为由下到上的层级关系。法律的最终根源乃是主权者的意志和命令。[②]

最后，霍布斯认为，主权者与教会的关系，体现的是主权者置于教会之上。对霍布斯来说，教会不过是一个法人团体。像任何别的团体一样，它必须有一个领袖，这个领袖便是主权者。主权者是法律的唯一合理制定者。他依据自然王国中自然法的理性诫命而设立，是人们凭借自然理性普遍同意的契约产物，目的在于将自然状态中的"狼"引导为和平状态中的公民。教会则纯粹地属于信仰的精神领域。理性不再触及信仰，信仰也不再涉及理性。世俗主权者在此实际上意味着理性与信仰之间不可逾越的界标。他拥有全部的裁决世俗生活的权能，世俗生活中的道德、法律和国家维系在他一人身上，从而不再受信仰的摆布。最终，霍布斯论证了《圣经》中所揭示的上帝的教诲，与阐述他的政治哲学中的思想并不抵触，理性与信仰各司其职，并行不悖。由此，政治哲学在霍

① 霍布斯．利维坦［M］．黎思复，等译．北京：商务印书馆，1985：165.

② 林国荣．自然法传统中的霍布斯［M］//渠敬东．现代政治与自然．上海：上海人民出版社，2003：35.

布斯手中彻底从神学中摆脱出来，成为一门严格的世俗科学。①

四、霍布斯现实主义视野下的主权者间关系

在霍布斯看来，对国家之间的关系明确的论述体现在对主权者之间的关系的论述之中。② 霍布斯主权者之间关系的逻辑的基础是主权者自然状态假设和前社会状态的假设对规制非社会共同体之间的关系。从霍布斯自然状态到自然法逻辑，可以探讨市民社会或共同体之间的关系。霍布斯认为，共同体都有自由，就像缺少内部法或主权使个人远离慑服状态中的人一样。共同体有绝对的自由去做它认为的最适合于其利益的事。共同体的自由是“反对或侵入其他人的自由”。③ 由此，霍布斯的主权者关系思想首要体现的是主权者的责任和义务，其次是主权者之间平等和和平的暂时性以及处理国家间关系的重要智识。

第一，关于主权者的责任和义务思想。霍布斯指出，一个共同体由两个特定的原因组成：一是确保内部的和平与安全，二是确保在共同反对外部敌人时进行援助。为了这个目的，主权被赋予“为和平与共同防御而使用力量和各种方法”。在《法律的要素》中，霍布斯就指出，战争与正义是不可分离的，因此它们属于同样的主权者。由于主权者有义务确保和平与安全，因此机构与个人应该判断为实现这个目的什么是必要的。主权者有与其他国家进行战争与和平的权力，判断战争是否有利于公众的利益，应该投入何种规模军队介入战斗。为了这些目标，主权者有权收税。因为主权者同时是军队的总司令，他可以任命将领。④

霍布斯指出，两样东西对人们的防御很重要。一是主权者必须警惕潜在的敌对。为了共同体的防御向敌对国派遣间谍是必要的。情报的收集很重要。二是主权者必须确保国家警惕潜在的进攻。为了实现这个目标必须赚钱、有精良的军队；保持海军，建造码头。在遭受进攻之后或敌对紧迫的时候再做这些准备就太迟了。如果统治者不利用他的权力收集关于其他国家足够的情报，为战争做必要性准备，就没有履行其为臣民提供安全的义务。为了预防潜在的行为，应该不时地进行蓄意破坏和秘密行为，其目的在于破坏外国政府的稳定。霍布斯认为，主权者应该对那些被怀疑是敌对者的人实行各种减少

---

① 林国荣 . 自然法传统中的霍布斯［M］// 渠敬东 . 现代政治与自然 . 上海：上海人民出版社，2003：45.

② 必须注意到，在霍布斯笔下，没有直接对应“国家（state）”的词，他使用的通常是“common-wealth”“city”“dominion”“body politique”等字眼，这些词汇论述的基本上都是主权者。

③ BOUCHER D.Political Theories of International Relations：From Thucydides to the Present［M］.Oxford：Oxford University Press，1998：157.

④ BOUCHER D.Political Theories of International Relations：From Thucydides to the Present［M］.Oxford：Oxford University Press，1998：157.

其权势的行为。在缺少界定什么是正义的共同权威与法则的情况下，这种策略是完全合理的，因为，实力与诡计是两种主要的德行。

第二，国家间平等和和平的暂时性。霍布斯指出，尽管国家之间存在契约，但由于彼此之间的担忧，其并不会导致和平，他强调共同体之间的平等也有类似后果，且使和平难以持续。战争有时可以获益，导致小城市并入大的城市和大的共同体。霍布斯认为，这种做法并不违反自然法或荣誉原则，而是共同体利用各种手段来削弱对手实力的表现。霍布斯的国际关系理论认为，国家之间的平等是暂时的，因为这种平等导致的担忧会诱使它们追求权势的不平等。在修正的自然状态中，通过征服或盟约可以获得外国援军。霍布斯认为，共同体之间的联盟是完全合法且有益的。然而，如果没有共同的权力来约束它们，一旦产生新的担忧，或者当一方认为破坏盟约可以得到更大收益时，联盟就将解体。这种推论同样适用于国家之间的关系。国家可能会发现，遵守与他国的协定或联盟十分困难。①

正如霍布斯相信，在社会形成之前，没有社会共同体或家庭会靠抢劫和盗窃来维持生活；但他也相信，国家以类似的方式变得富裕“正如小家庭的行为，城市和王国这样的大家庭也这样做”。在霍布斯看来，共同体之间的关系远不只个体在自然状态中的敌对关系那样简单。虽然过度的残忍和浪费是普遍存在的，但他认为这是为了促进共同体的福利而采取的普遍方法。虽然这种断层将加剧国际关系的紧张，但霍布斯将其视为提升内部共同体福祉的手段，他认为通过战争掠夺财富是一种增进富裕的方法。然而，共同体的经济需要更加坚实的基础。主权者有义务制定法律来促进实体商品生产和贸易活动，提高土地和海洋资源的生产力，推动商业与航海的发展。②

第三，处理国际关系的重要智识。霍布斯还为主权者提供了许多处理国际关系的精细建议。如在《法律的要素》中，他指出国家的防御不仅包括为战斗做好足够的准备，还包括避免“不必要的战争”。君王应该留心忠告和那些旅行者收集的情报。在未经充分咨询的情况下，仅依靠个人的判断就仓促做出开战或议和的决策是不明智的。了解敌人的实力、优势和战略意图，以及由此可能产生的危险及其程度，对于君主来说至关重要。在寻求咨询的时候必须注意控制军队将士的野心，他们可能会为了在战争中获得荣誉而倾向于延长战争。然而，如果环境迫使君主不得不做出决定，那么判断如何保障臣

---

① BOUCHER D.Political Theories of International Relations：From Thucydides to the Present［M］.Oxford：Oxford University Press，1998：159.

② BOUCHER D.Political Theories of International Relations：From Thucydides to the Present［M］.Oxford：Oxford University Press，1998：159.

民的安全是很必要的。作为一个明智的主权者，不应该使臣民处于危险之中。[①]

虽然霍布斯认为共同体之间通常处于战争状态，但他也设想了商业关系的存在。他认为，有两种激情会促使人们寻求和平，即商业剩余与进口关系、机构设置与对外贸易。为了提高生活质量而需求外国商品，可以作为反对不必要战争的理由。对外交往有利于共同体的利益，也符合共同安全的需要。和平关系往往产生于内部条件。

亨德利・布尔指出："霍布斯对国际关系自然状态的论述中缺少进步观念，霍布斯体现的是国家行为中不变的静态的原则。"[②]当然，霍布斯指出商业对于良好生活的重要性，这表明战争会破坏进步的可能性，表明霍布斯还是承认在一定条件下，只要主权者受谨慎和荣誉法则的指引，国际事务中的进步就是可能的。

五、霍布斯对当代国际关系的影响

霍布斯之所以被看作现实主义国际关系思想的重要来源，除了上述重要思想逻辑，更重要的是，当今的许多国际关系主题，如国际合作、联盟、认知与国际关系等，都可以看到霍布斯思想的影子。

第一，关于国际合作。多伊尔认为，在霍布斯思想中可以推断出国际合作的理念。两种主张为霍布斯式的和平提供了依据。一种是基于道德责任；另一种是基于理性的个人主义。霍布斯式的现实主义者声称：有效的道德责任引导的谨慎外交是实现和平的原因。霍布斯声称，"主权国家具有不反对和平原因的天然职责……构成统治权是出于和平的考虑，寻求和平是出于安全的考虑"。因此，主权国家的天然职责是保卫人民的安全。但谨慎的政策不能成为一种强制性的公民权利，因为霍布斯式的主权国家仍然处在自然状态，必须持有对其臣民和其他主权国家的尊重，其本身不能作为臣民。然而，根据霍布斯的解读，主权国家对上帝负有责任，拥护自然法，包括和平法则——仅当其能够谨慎地做到这一点时。但同样根据霍布斯的说法，自然状态下的个体也有同样的职责，然而条件是要顺从"对于不公平的自然的爱好、自豪、报复等"。[③]

国家在自然状态下的行为可能更多受到维持安全职责的约束。但是，霍布斯提到自然的国际法则也被利维坦提高安全的职责所破坏，"城市和帝国"也"为了自己的安全"，出于害怕被侵略的担忧而实行侵略，并寻求削弱或破坏邻国，以此作为降低外来

① BOUCHER D.Political Theories of International Relations：From Thucydides to the Present［M］.Oxford：Oxford University Press，1998：160.

② BULL H.Hobbes and the International Anarchy［J］.Social Research，1981（48）730.

③ DOYLE M.Ways of War and Peace：Realism，Liberalism，and Socialism［M］.New York：W.W.Norton & Company，1997：129.

威胁的方法。因为一个主权国家既是守本分的（温和的），它对臣民的责任也包括动用可能的武力，来反对其他由于缺少这种保证而不被假定为守本分的主权国家。①

第二，关于联盟的思想。国家不仅仅受到安全的驱动。利维坦有着类似人类的构造，受到竞争、担忧和荣誉的刺激，因此也有侵略的动机；即使它们自己没有侵略动机，它们也必须假设其他国家会有。他认为联盟是可靠的，甚至必要的，但他并不认为小的或大的联盟是确保安全的可靠来源。小的联盟是可行的，因为没有哪个理性的行为体会在关注自身利益的情况下不断破坏承诺。小的联盟也是必要的，因为不断地违约将会使自己很快地成为声名狼藉的过失者，被孤立并面对有力"同盟国"的进攻。但是小规模的结盟不能阻止进攻从而提供安全，因为数量少的联合容易受到数量稍多一点（如果攻势守势相同）或更多的国家联合（处于守势优势）的攻击。一方面，数量多的结盟证明了国家能够在短期内理性地、关注自身的利益的情况下进行合作的努力，比如为了在战争中打败共同的敌人；另一方面，它们也无法保障安全，因为数量众多的联合阻碍了有效的决策。一旦共同的敌人被打败，它们就会由于特殊的利益而分裂。

第三，国际关系中的认知思想。霍布斯谈到了人的认知差异，对语词观念理解的差异。"由于同一事物不可能使所有的人发生相同的感情，也不可能在所有的时候使同一个人发生同一种感情，所以在人们一般的讨论中，意义便是不固定的。由于所有的名词都是用来表示概念的，而所有情感又都是概念，所以当我们对同一类事物的感受不同时，就很难避免名词方面的分歧。因为我们所感受的事物的本质虽然相同，但由于体质结构的不同和意见的偏执使我们在接受时发生差异，所以便使每一种事物都具有我们自己的不同激情的色彩。"② 同时，他还指出了人的认知能力的差异性对事态的影响，"……每个人都是自己的裁决者，对于事物的认识与他人相异，从这种歧异之中，产生了争执，破坏了和平"。

这种关于认识与名称的差异性，霍布斯在其著作中，多次不厌其烦地进行了探讨。如关于善恶与认识，"善与恶，乃是表示我们的趋与避态度的名称；随着人的性格、习惯以及信仰之不同，这些态度也会不同……即使是同一个人，在不同时间，也会有不同态度……因此，只要人私心欲望是善与恶的尺度，人就还在自然状态中"。他表明，由于善恶乃是主观的反映，因此没有客观存在的善恶；此外，人的主观利害考虑会决定当事人当下关于善恶的判断。

---

① DOYLE M.Ways of War and Peace：Realism，Liberalism，and Socialism［M］.New York：W.W.Norton & Company，1997：130.

② 霍布斯 . 利维坦［M］. 黎思复，等译 . 北京：商务印书馆，1985：26–27.

从自然人性到人的权力欲观，从自然理性到自主的安全观，霍布斯深刻揭示了国际关系现实主义国家也是人的观念特性；从自然状态中的丛林法则到摆脱自然状态需要对自然法的遵循，霍布斯探讨了国际关系战争状态到自我保全需要法律规制和主权者保障的观念；从自然法到和平实现和主权者保障的需求，霍布斯展现了个体主义权利观念和国家产生的逻辑理路；从主权者的责任义务到主权者和平的暂时性，霍布斯思想隐含着国际关系中大国逻辑的重要线索；加上霍布斯为主权者提供的智识建议，我们可以发现，霍布斯的国际关系思想是如此丰富，逻辑线索是如此秩序井然。可以毫不夸张地说，霍布斯展现的国际关系思想观念，与《伯罗奔尼撒战争史》相比毫不逊色，在逻辑演绎上更胜一筹。永远的霍布斯。

【全球传播】

广播电视网络视听国际传播中国家形象的构建研究

王亚囡[①]

【摘要】信息化促进了广播、电视、互联网融媒体国际传播体系的形成，为国际传播格局的调整带来了新的可能，推动媒介融合，蕴含着良好国家形象塑造背后的无限潜力与巨大空间。广播电视网络视听的发展，带来了扩大国际传播中中国话语权的新机遇，也使中国国家形象有了更加广阔的展现平台。本文分析广播电视网络视听国际传播中构建的文明大国形象、东方大国形象、负责任大国形象、社会主义大国形象；从国际传播环境日趋复杂、网络视频传播步伐有受阻迹象，国际传播能力偏弱、讲好中国故事仍需多方发力，视听产品海外推介正起步、市场拓展能力仍需提升等方面探讨性提出了广播电视网络视听构建国家形象的传播策略，旨在更好地向世界展现真实、立体、全面的中国形象。

【关键词】广播电视；网络视听；国际传播；国家形象；构建

5G时代的来临，为广播电视媒介与互联网的高度融合创造了条件，也促进了网络视听行业的发展。2017年，国家新闻出版广电总局正式启用了“广播电视与网络视听”的新提法，并于同年发布了《关于进一步加强网络视听节目创作播出管理的通知》，要求网络节目与广播电视节目同一标准、同一尺度，明确了网络视听在媒介传播中的作用和地位。《中华人民共和国国民经济和社会发展第十四个五年规划和2035年远景目标纲要》明确提出“视听中国、影视精品工程、纪录片创作传播、中华文化新媒体传播、网络文艺创作传播”等广播电视和网络视听重点任务。“视频流”化的转型趋势拓宽了信息流动的国际传播平台，在传统广播电视之外，网络视听成为一种新的跨文化传播渠道，在国际传播新格局中，其不仅体现着传播态势，也塑造着国家形象。

---

① 王亚囡，中国传媒大学政府与公共事务学院讲师。

一、广播电视网络视听成为国际传播中国家形象构建的主力军

跨文化交往和传播是国家形象形成和塑造的前提。互联网时代，受众获取信息的渠道不再局限于传统广播电视媒体，而是转向了智能化、移动化、数字化、社会化的网络视听平台。网络媒体对传统媒体话语权的消解，重新构建了新的话语体系，网络视听正在国际传播中有意或无意地影响着国家形象的形成。

从跨文化传播的角度来看，跨文化研究不能忽略文化交往与变迁过程中媒介的角色与功能。不同社会的思维方式、生活方式、宗教乃至对技术的态度等，在很大程度上制约着本文化的技术发展与扩散，这是因为技术不能脱离文化单独发展，技术始终根植于特定的社会文化环境，不同群体的利益和价值取向都决定着技术的轨迹。[①] 在传统媒体时代，西方主流媒体关注中国的发展，对中国的报道呈现增多趋势，但报道的内容往往具有选择性，负面新闻居多，很少有中国经济崛起、文化繁荣、人民生活水平和质量提升的报道，报道手法也常常是新闻和隐性评论相结合，看似“客观”，却引发更深层次的误解。传统大众媒体作为国际传播中人们接触最多的传播媒介，报道中国的负面新闻往往会造成西方社会对中国的偏见，久而久之在西方社会中形成了不真实的中国国家形象。在西方牢牢掌握的传统话语体系中，这种为其他国家“设置”形象的权力，一直影响着中国国家形象的准确构建。

信息化促进了广播、电视、互联网融媒体国际传播体系的形成，为国际传播格局的调整带来了新的可能，推动媒介融合，蕴含着良好国家形象塑造背后的无限潜力与巨大空间。2018 年 4 月 20 日，习近平总书记在全国网络安全和信息化工作会议上强调，信息化为中华民族带来了千载难逢的机遇，必须敏锐抓住信息化发展的历史机遇。[②] 随着“数字中国”“视听中国”发展战略的实施，广播电视网络视听得到了长足的发展，特别是“网络视听”作为基于互联网、基于社交媒体、基于移动终端发展起来的最具成长性和最具竞争力的新媒体行业、新媒体产业、新媒体文化，[③] 在国际传播中呈现全产业链发力的发展态势。

在发展平台上，广播电视网络视听已建立多元融合、纵横交错的国际传输播出平台，与有关国家主流电视平台建立合作播出栏目。网络视听由过去的“借船出海”向“造船出海”转变，截至 2022 年 8 月，腾讯视频、爱奇艺、芒果 TV、优酷视频等长视

---

① 孙英春 . 跨文化传播学［M］. 北京：北京大学出版社，2015：354.

② 张晓松，朱基钗 . 敏锐抓住信息化发展历史机遇自主创新推进网络强国建设［N］. 人民日报，2018-04-22（1）.

③ 孟建 . 网络视听：“视听中国”战略的认知与阐释［J］. 视听理论与实践，2022（2）：4.

频平台均已在海外推出国际版 App。国内部分平台，例如爱奇艺、芒果 TV 等，还在 PC、电视等多个终端推出国际版本，覆盖更广泛的国际用户群体，一些社交短视频、游戏直播、音乐流媒体平台和新闻聚合平台在海外发展迅速，[①] 客观上使得中国的“好声音”在国际舞台上得到了更多的展示。

在展播方式上，广播电视网络视听平台配合服务大国外交，相继在乌兹别克斯坦电视总台开播“电视中国剧场”青春篇“阿璞剧场”，在印度尼西亚雅加达启动“视听中国优秀视听节目展播”活动，截至 2022 年年底，中国已经在全球 38 个国家开通 62 个“电视中国剧场”栏目，形成了全球传播、区域传播、国别传播的鲜明特点，[②] 并在中欧、中英、中斯、中柬、中日等建交纪念时间节点开展了视听交流活动，逐步扩大了网络视听国际传播的影响力。

在播出内容上，《山海情》《我们这十年》《薪火相传：中国非物质文化遗产》《如果国宝会说话 3》等一大批反映时代精神、弘扬中华优秀传统文化的影视作品得到海内外观众的认可，取得了良好的传播效果，网络视听通过及时性、互动性、全球化、精准化的传播方法和手段，实现了跨文化传播中的国家形象塑造、形象认同、形象传播。

二、广播电视网络视听国际传播中国家形象的构建实践

国家形象不是先天就有的，而是在跨文化交流的互动中以社会化的方式逐步构建起来的。广播电视网络视听的发展带来了国际传播中扩大中国话语权的新机遇，也为中国国家形象提供了更加广阔的展现平台。就国家形象而言，习近平总书记在中共中央政治局第二十次集体学习时指出：“要注重塑造我国的国家形象，重点展示中国历史底蕴深厚、各民族多元一体、文化多样和谐的文明大国形象，政治清明、经济发展、文化繁荣、社会稳定、人民团结、山河秀美的东方大国形象，坚持和平发展、促进共同发展、维护国际公平正义、为人类作出贡献的负责任大国形象，对外更加开放、更加具有亲和力、充满希望、充满活力的社会主义大国形象。”文明大国形象、东方大国形象、负责任大国形象、社会主义大国形象从四个维度成为国家形象构建的战略目标，为国际传播中广播电视网络视听节目的内容展现提供了基本遵循。

（一）广播电视网络视听中的文明大国形象

文明大国形象源自文化层面的国家形象解读，广播电视网络视听节目让中华优秀文化从远古走向电子荧屏，开启了对传统文化的现代性重塑。近年来，竞猜类综艺节目

① 周菁．从出海到全球化：网络视听平台国际传播模式探究［J］．视听界，2023（1）：17.

② 朱新梅，高星．全产业链发力：中国广播电视网络视听国际传播现状及趋势［J］．视听界，2023（1）：5.

《中国诗词大会》走红网络，“带入式”表现方式的《上新了故宫》引领观众“走进”神秘故宫，《典籍里的中国》从电视扩展到网络综艺、短视频、新媒体互动，实现大小屏联动。《长安十二时辰》承载着唐朝文化与东方美学走向世界，截至2022年8月，已发行至美国、加拿大、日本、韩国、新加坡、马来西亚、泰国、澳大利亚等国，并成为首个被澳大利亚主流电视台SBS采购播出的中文剧。[①]《国家宝藏》从国内版本走向国际版本，节目组和BBC世界新闻频道联合制作的《中国的宝藏》向全球播出，文物搭线向世界展示了现代中国的鲜活形象，中国文化底蕴之美、艺术之美在走向世界的同时，也激发了人们对中国文化的向往和认同。五洲传播中心联合美国国家地理、英国野外蓝色传媒共同制作的《星空瞰华夏》，通过卫星遥感技术和动画技术生动再现了中国古代文明奇观，以科技手段通过考古来探寻华夏文明的奥秘，引发全球好评。

在国际传播中，广播电视网络视听既是渠道，也是载体。作为传播渠道，拓宽的是传播路径，而作为传播载体，凝聚的是文化要素。当代中国与世界研究院发布的《中国国家形象全球调查报告2019》显示，海外受访者认为最能代表中国文化元素的前6位分别是饮食（53%）、中医药（47%）、武术（43%）、产品（29%）、自然风光（27%）、科技发明（27%）。这些中国文化元素在YouTube平台中也深受国际互联网用户的欢迎。截至2021年年底，YouTube平台排名前100的中国频道中，美食频道有14个，其中用户规模排名前三的频道均为美食频道，总点击量为77.52亿次，平均每条视频点击量为1175万次。[②]《舌尖上的中国》被译为多国语言销往80多个国家和地区，《风味原产地》在奈飞平台上向全球190多个国家和地区播出。在美国中文电视引进的华语节目中，东方卫视的《疯狂的冰箱》、北京卫视的《美食地图》、星尚传媒的《人气美食》等节目深受海外观众喜欢，北京广播电视台的《养生堂》《我是大医生》等中华传统医学文化节目热播。将西方芭蕾和东方黔北民间绝技独竹漂结合起来的中国舞者杨柳，向世界展示了足尖上的东方之美丽；一大批涵盖非遗特色的短视频在网络上走红，经过平台传播海外，让许多海外观众看到了中国元素赋能的视频，受到了年轻一代的追捧，这也使中国文明大国的形象在新生代群体中不断丰富。

（二）广播电视网络视听中的东方大国形象

东方大国形象是来自社会层面的国家形象解读，广播电视网络视听平台提供了将网络的话语权从“精英化”转向“平民化”的途径，这种人际性的回归使更多中国声音、

① 朱新梅.中国广播电视网络视听国际传播转型升级的实践与成效［J］.传媒，2021（22）：22.

② 冷成琳.朱新梅：加强国际传播能力建设，对广播电视和网络视听从业者提出了更高要求［J］.中国广播影视，2022（Z1）：55.

中国故事走向国际并日趋发挥影响力。在一个特定的时间段内，国家形象呈现持续稳定，但这并不意味着这种国家形象不会发生变化，在广播电视网络视听迅速发展的大背景下，更多展现东方大国形象的视听节目走向海外，一大批讲述中国故事的网络纪录片成为各国用户了解真实、立体、全面中国形象的重要窗口，客观上使中国声音在国际传播格局中得到扩大，也在逐步影响着长期受西方掌控的话语体系。

在大众媒介的跨文化传播中，中央广播电视总台中文国际频道作为一个面向全球播出的中文电视频道，在传递中国声音、沟通海外侨胞、弘扬中华文化方面发挥了积极作用，以《中国新闻》《今日环球》《今日关注》为代表的新闻传播类节目，以《国宝发现》《国宝档案》为代表的历史揭秘类栏目，以《中华医药》为代表的健康养生类栏目，以《记住乡愁》为代表的自然旅游类节目，以《城市 1 对 1》《走遍中国》为代表的都市生活类节目，以《环球综艺秀》为代表的综艺文化类节目，以《快乐汉语》为代表的汉语学习类节目，使海外观众在多样化的节目形态中既看到中国的新闻消息，又了解中国的历史、中国的风俗、中国的文化，较好地起到了对外传播的效果。在与电视媒介互融的过程中，中国政治、经济、文化、社会、生态等方面的成果，通过丰富的节目展现到世界各地，使文明成果在更大范围内共享。

随着中国影响力的提升和各国文化交流的进一步深入，适应大屏小屏的互动节目、主流媒体短视频、联合制作也成为对外节目播出的主要形式。解读中国工作室与英国斑马线公司联合制作的 5 集《超凡未来：你不了解的中国科学故事》，在美国探索频道播出后，受到广泛好评，节目向海外观众展示的中国航天、量子、生物等领域的科技成果，让许多只看到古老中国形象的海外观众感受到了现代中国科技的进步和对人类文明的贡献。以中国式田园生活为主题的李子柒，将东方气韵、诗意气质融入日常生活，对美好生活的向往引发国外网友的共鸣和点赞。《喀什最终篇：家里的味道》不仅展示了新疆人民的热情好客，还融入了新疆人民幸福美好的生活，展现了新疆人民团结幸福安康的真实情况，在 YouTube 平台上超过 50 万的点击量，在海外起到了正能量的宣传效果。纪录片《国家公园：野生动物王国》以生态文明建设和生物多样性保护为主题，聚焦中国国家公园独特的生态景观和珍稀的野生动植物，向世界展示了中国为保护生物多样性所采取的措施及效果，发行到全球 100 多个国家和地区，在 BBC 播出的收视率比栏目原创剧集的平均收视率高 11%。[①]《我们的动物邻居》《青海·我们的国家公园》等 20 余部作品在海外播出，让海外受众跟随拍摄视角从闹市到园林、从古城到郊野、从

① 朱新梅 . 中国广播电视网络视听国际传播转型升级的实践与成效［J］. 传媒，2021（22）：22.

质朴敬畏到紧密联系、从艺术视角到运动探索，其展示的对美好生活的向往、人与自然和谐发展的理念引发了广泛共鸣。

除短视频外，电视平台通过国际频道、开办频道、购买时段等方式落地海外，推动中国视听节目进入国际主流传播市场，让海外观众能够更加直接地感受到中国节目中反映的真实中国形象。例如，四达时代在非洲的影响力不断扩大，从最初服务于华人升级为五个频道全时段或固有时段播出中国影视剧。其内容也从最初的影视剧加英、法文字幕发展到配音版，如斯瓦希里语的《三生三世十里桃花》、豪萨语版的《熊出没》广受欢迎。此外，《视听中国·福建时间》《视听中国·陕西时间》等栏目在中阿卫视播出，《我来自北京之扶兄弟一把》《我来自北京之过年好》等网络电影经由爱奇艺携手中阿卫视在“周末中国剧场”开播，深受阿拉伯观众的好评。其他省区的地方电视台制作的电视剧、娱乐类节目也都通过各自的国际频道，或与海外华语媒体合作的形式在海外播出。电视节目的海外落地，向海外传递了中国的传统文化精髓、悠久历史故事、当代发展成就、文化价值理念，正在形成新闻、综艺、文化、科技等多领域塑造中国国家形象的新局面。

（三）广播电视网络视听中的负责任大国形象

负责任的大国形象源自外交层面的国家形象解读。近年来，广播电视网络视听在国际传播中坚持服务中国特色大国外交，聚焦百年奋斗、全面小康、“一带一路”、联合抗疫、人类命运共同体五大主题，精选《习近平治国方略：中国这五年》《山海情》《在一起》等重点篇目和抗疫类、文化类、涉疆涉藏题材作品，通过多语种视听作品向全球观众讲好新时代中国故事，[①] 为世界和平发展贡献中国力量，中国负责任大国的形象日渐深入人心。

在广播电视网络视听的国际传播中，国际合作推动了负责任大国形象在合作国家主流媒体上的展示。例如，五洲传播中心与国际主流媒体联合制作的《习近平治国方略：中国这五年》以“视听中国 全球播映”活动走入主流国家，通过一系列鲜活生动的故事案例，系统阐释了习近平治国理政的理念和实践成就。五洲传播中心、优酷视频和国家地理频道联合出品的《做客中国——遇见美好生活》，广西广播电视台联合老挝国家电视台、泰国国家电视台和柬埔寨国家电视台制作的《家在青山绿水间——更好的日子》等作品，聚焦精准扶贫，聘用国外主持人，以国际视角解读中国为人类减贫事业作出的贡献，向海外观众展示了中国负责任的社会发展形象。五洲传播中心携手美国国家

① 闫成胜．守正创新 担当作为 不断开拓广播电视国际传播新局面［J］．中国广播电视学刊，2022（3）：26.

地理频道、英国子午线影视公司共同制作的纪录片《世界上最大的生日庆典》，采用国际视角聚焦中华人民共和国成立 70 年来取得的巨大成就，节目制作既让海外观众看到“集中力量办大事、万众一心搞建设”的中国制度优势，又关注国家社会发展中每个人的努力奋斗，将个人发展与国家成就结合起来的表达方式，引发海外观众对中国和平发展、共同发展的共鸣，也让海外观众对中国正在推进的新时代中国梦有了更多的认识和理解。

值得一提的是，在新冠疫情全球性暴发给全球治理带来巨大冲击之时，一系列以“守望相助、共同战疫”为主题的短视频，向国际社会分享了抗疫经验，讲述了抗疫中国故事，特别是《中国抗疫志》《在武汉》《在一起》《生命缘》《上海日记》《冬去春归》等抗疫主题作品在国外媒体广泛播出，有效应对了西方国家借新冠疫情对我国的诬蔑攻击，得到了国际社会的热切关注和积极回应。① 四达时代、中阿卫视在疫情期间对接当地民众本土化的民生医疗需求，播出大量抗疫视听节目，提供了中国抗疫方案，分享了中国抗疫经验、宣传了疫情防护知识，提高了媒体形象，也塑造了更加真实、可信、可爱、可敬的中国形象。事实证明，积极发挥负责任大国的作用，既是中国为世界和平与发展事业作出更大贡献的客观要求，也顺应了国际社会希望中国在国际事务中发挥更大作用的普遍期待，是新形势下中国国家形象塑造与时俱进的一个重要方面。

（四）广播电视网络视听中的社会主义大国形象

社会主义大国形象源自制度层面的国家形象解读。作为当今世界上最大的社会主义国家，进入新时代以来中国取得的发展成就吸引着世界目光。西方社会也格外关注中国的发展，试图寻找中国创新经济快速发展和社会和谐稳定“两大奇迹”的“密码”，中国国际影响力随之提升，国家形象正处于最好的上升时期，这也丰富了广播电视网络视听国际传播的内容，让更多展现新时代中国特色社会主义发展成就的作品进入海外市场。

五洲传播中心、优酷视频、美国探索频道联合出品的中外合拍纪录片《中国：变革故事》，将视角转向改革开放进程中的典型人物故事，在生动展示中国改革开放 40 年来伟大变革成就的同时，融入多位国际知名专家学者的解读，揭示了中国发展的秘密，也让海外观众看到了新时代中国蓬勃的发展活力和美好的发展前景。上海广播电视台与华纳兄弟探索集团联合打造的《行进中的中国》，从历史、现实、全球视角讲述中国故事，以个人命运的变化折射伟大时代的变迁，通过丰富的镜头语言、真实的环境音响、人物的动态写真、中外专家的精辟点评来解答中国快速发展背后的中国哲学、中国

① 杨广青 . 新冠疫情下做好广播电视对外传播的实践与思考［J］. 中国广播影视，2021（6）：63.

价值、中国道路、中国制度，让海外观众看到了一个美丽、兴旺、奋发、开放的中国。《重返红旗渠》以法国著名影视文化学者克莱蒙与美国密歇根大学在读钢琴博士王宸为主角，从他们的视角，采用纪录片与电影两种艺术表现手法，以“纪实拍摄＋电影叙事”的方式探索构建中国叙事体系，发掘传统题材中蕴含的社会主义大国的发展观、文明观、生态观，在美国、法国、新西兰等国家和地区播出时，引发了当地群众的普遍关注和对中国的向往。

中国新时代取得的伟大成就，激发了国际社会对中国共产党为什么“能”、中国特色社会主义为什么“好”的浓厚兴趣，也为广播电视网络视听国际传播提供了强大的传播声势的历史机遇。在党的二十大召开期间，中央广播电视总台以“新征程的中国和世界”为主题，使用44种语言对外连续推出了51场系列媒体活动，3400余家境外主流媒体直播和报道，包括政府官员、国际组织负责人、智库专家、业界学者在内的2.3万余人参与线上线下活动，触达规模超过18亿人次，在全球形成了强大的传播声势。[①]《小沈说事》《坐着火车去长城》《老外看中国10年》《这十年·百名外国友人看浙江》等系列短视频在海外平台热播，以更加温情的方式探寻情感共鸣点，轻量化地呈现党的二十大报道，其中蕴含的中国经验和中国智慧，也在诠释和彰显中国特色社会主义大国的独特优势和魅力。

三、广播电视网络视听国际传播中国家形象构建的主要问题和对策

党的十八大以来，我国广播电视网络视听国际传播取得了一系列重大成就，基本建成了覆盖全球的国际传播体系，中国国际电视台（CGTN）成为海外整频道落地播出的主要渠道，国内视听行业与海外媒体的合作日益加深，通过搭建融媒体渠道平台来推动中国视频节目进入海外主流社会和主流人群，芒果TV、爱奇艺、腾讯视频、优酷视频等网络视听新媒体平台积极拓展海外市场，其长视频平台均在海外推出国际版App，一大批体现中国政治、经济、文化、生态、社会发展的纪录片、短视频、音频在海外市场受到追捧，使中国国家形象不断丰富和完善。然而，我国仍然面临着较为复杂的国际传播环境，国际传播力仍然较弱，国际影响力与我国经济发展水平还不相匹配，国际社会中的中国国家形象与我们的期许还有差距。

（一）国际传播环境日趋复杂，网络视频传播步伐有受阻迹象

新冠疫情发生以来，中国在全球率先实现有效控制并迅速恢复经济，充分体现了社

① 朱新梅，高星．全产业链发力：中国广播电视网络视听国际传播现状及趋势［J］．视听界，2023（1）：6.

会主义制度的优越性，中国的抗疫智慧和经验在海外电视台、视频平台传播，受到好评，正是因为这种"好"，在仍然充满歧视和偏见并很大程度上仍然由西方主导的国际舆论舞台上，中国必然受到不同以往的围堵。① 以美国为主的西方国家基于霸权主义、零和博弈、冷战思维必然会通过一系列手段持续遏制中国，对华舆论的抹黑和攻击也将是常态化和持续化的。特别是2021年以来，英国、澳大利亚、美国、印度等国媒体监管机构、相关政府部门或媒体先后对中国媒体采取新一轮管控甚至制裁举措，以英国最为显著。英国通信管理局（Ofcom）2021年2月4日发表声明，宣布吊销CGTN的落地播出许可，该台申请转持也未获同意。对此，在中国外交部2021年2月5日的记者例行招待会上，新闻发言人汪文斌指出，"英国通信管理局基于意识形态偏见，以政治理由对CGTN在英落地传播进行打压，将技术问题政治化，严重损害中国媒体声誉，严重干扰两国间正常的人文交流。中方对此坚决反对"。②

这一事件提醒我们，国际传播中广播电视网络视听平台建设还面临着较为复杂的国际环境。虽然广播电视网络视听海外传播取得了很大成绩，但与国际传播巨头相比，我们海外落地的主体偏小，传播能力还不强，国际竞争力非常薄弱，目前与主流媒体的合作还局限在节目制作层面，非常容易在复杂环境中失去传播优势。因此要全面深刻理解国际传播环境的复杂性，注重从产业链环节的局部突围向建立庞大的产业体系和完整的产业链转变，继续做好"加大引进"和"对等落地"，扩大境外影视节目引进规模，以引进为杠杆，推动我国视听节目对等落地，真正建立面向国际市场的新型传媒集团。

（二）国际传播能力偏弱，讲好中国故事仍需多方发力

国际传播能力偏弱，既有媒体平台的问题，也有视听内容的原因。媒体平台方面，2020年9月中国外文局发布的第七次关于中国国家形象的全球调查报告显示，海外用户接触中国信息使用最广泛的渠道前三名分别是"当地传统媒体"（47%）、"使用中国产品"（46%）和"当地的新媒体"（34%），而"中国在当地推出的传统媒体"和"中国在当地推出的新媒体"的比例分别仅有17%和15%。视听内容方面，该调查报告显示，在没有接触过中国媒体的海外受访者中，中国视听内容存在着"中国媒体的报道可信度不高"（19%）、"话语表达方式不地道，看不明白"（18%）、"需要付费"（9%）、"节目种类少"（9%）、"不善于讲故事，内容不吸引人"（8%）和"形式不新颖"（5%）等众多问题。③

① 周树春．自觉把握新时代国际传播的特征规律［J］．对外传播，2019（12）：4.
② 李宇．新形势下国际传播的理论探索与实践思考［M］．北京：外文出版社，2022：3.
③ 朱新梅．统筹国内国际两个市场 加快国际传播能力建设［J］．中国广播电视学刊，2021（9）：19.

综合平台与内容，不难发现，目前大部分广播电视网络视听节目通过国际平台播出，中国在当地推出的传统媒体和新媒体还没有较广的传播覆盖面，存在较大的不确定因素和受制于人的风险。要积极支持长城平台集成 CGTN 和地方电视台通过卫星方式在海外落地的工作，开展国际融合传播服务，加速国内视听平台与国际视听平台、直播平台的合作，使目前网络视频传播的优势得到最大限度的发挥。

视听内容虽较过去有了很大改变，但在西方主导的国际舆论舞台上，仍然没有达到预期的传播效果。向世界讲好中国故事仍然是构建国家形象的主要发力点。为此，应当突出媒体平台的优质内容，克服自制内容多而优质内容少的困难，加强平台优质内容的译制工作，提升节目种类和媒体形象。要把握传播基调，从人类社会共同的兴趣、情感、价值出发寻找共鸣点，以国际视角讲述中国故事，尊重国外受众的观看习惯，全方位提升中国在国际社会的政治形象、经济形象、文化形象、生态形象和社会生活形象。

要借助“使用中国产品”这一海外受众接触中国信息的重要渠道，以众多的企业形象汇聚起多样的国家形象。根据《中国企业形象全球调查报告 2021》，八成全球受访者认可共建“一带一路”对全球和地区经济发展带来的积极影响。其中，54% 的全球受访者认为共建“一带一路”促进了共建国家人民的沟通合作；50% 的受访者认可共建“一带一路”的进展和成效超出预期，有广阔的发展前景；45% 的受访者认可共建“一带一路”推动金融和贸易往来；42% 的受访者认可共建“一带一路”惠及国家基础建设和使人民生活改善。视听平台可加大与“走出去”参与“一带一路”建设的国内企业的合作力度，以“中国产品”带动视听内容的本地化制作。

（三）视听产品海外推介正起步，市场拓展能力仍需提升

从更大的时空范围来看，目前我国广播电视网络视听产品在海外传播仍处于起步阶段，海外宣传推介尚处于摸索阶段。既面临着目标受众群体观赏需求市场分析的问题，也涉及国际层面媒体监管与法律规制研究的问题，这些问题都需要身处一线的媒体企业进行深入分析。

针对不同目标受众，要在传播内容上做足功夫，针对不同地区和国家采取不同的推介策略，以确保视听内容所承载的国家形象得到真实构建。在欧美市场，现代化的成就和内容往往会引起排斥甚至敌意，而古老的东方意韵恰恰符合受众的需求；在非洲市场，经济发展带来的新机遇能引发受众共鸣，符合社会期盼，中国当代精神、发展成就、制度道路往往有更大的传播市场；在周边国家市场，既要考虑文化传承和历史关联，也要细分受众区域，更多传播展现负责任大国和社会主义大国国家形象的视听作品。

海外市场的拓展还需充分考虑意识形态在传媒监管形成过程中的影响作用，唯有了解才能深入，唯有知晓才可有效应对。一方面对海外市场的传媒监管机制做好适应、准备和完善工作，用市场、法律、商务手段积极应对监管对视听产品提出的要求；另一方面加强对境外媒体的法律监管，强化反制能力。

四、结语

近三年来，中国广播电视网络视听平台的迅速发展让更多海外受众有了接触中国文化、中国社会、中国现实发展情况的机会，在国际传播中逐步改变了西方媒体长期塑造的中国“刻板印象”。在美国等西方国家对中国实施战略遏制和打压常态化的背景下，中国广播电视网络媒体国际传播力的不断增强引发了美、英等国对中国媒体的抹黑和打压。2023 年 3 月初，在美国国会众议院能源和商业委员会针对短视频社交平台 TikTok 举行的听证会上，国会议员们表现出空前的团结，这也提醒我们，在国际舆论斗争中，媒体的政治属性正在被不断放大。面对西方国家的打压和诋毁，我们既要坚定中国特色社会主义的道路自信、理论自信、制度自信、文化自信，以“人类命运共同体”的价值理念突破政治制度差异带来的发展困境，也要增强广播电视网络视听媒体在国际传播中的公信力、感召力和影响力，用文明互鉴的理念讲好中国故事、传播好中国声音，通过更加丰富的视听节目传播中国理念、中国道路、中国智慧、中国方案，向世界展现真实、立体、全面的中国形象。

准社会交往：海外社交平台讲好中国故事的心理路径

张　晴[①]

【摘要】加强国际传播能力建设是新时代宣传工作的一项重要任务。海外社交平台在国际传播中具有丰富传播主体、扩展传播视角、提升传播精度、扩大传播范围、增进传播交流的优势，是国际传播的重要阵地。准社会交往是指媒介使用者与媒介人物之间形成的单方面情感联系，作为一种情感纽带，在受众心理层面对提升传受双方的友好关系及传播效果具有积极意义。本文尝试将准社会交往理论应用于海外社交平台的国际传播，认为在利用社交媒体进行国际传播时，用户与媒介角色之间发生的准社会交往可以建立信任，搭建破圈的信息传播渠道；引发共情，减少偏见；建立长期情感关系，增进认同。并从叙事主体、选题方向、内涵立意、叙事视角、表现形式等方面提出了在国际传播中促进与强化准社会交往以提升国际传播力的策略。

【关键词】准社会交往；国际传播；中国故事；海外社交平台

准社会交往（Para-Social Interaction，PSI），也被翻译为“类社会交往”或“准社会互动”，由美国心理学家唐纳德·霍顿（Donald Horton）和理查德·沃尔（R.Richard Wohl）于1956年提出，用来描述大众传播媒介的受众与媒介人物之间形成的单方面的情感联系。他们认为，经常性地、反复地接触电视人物或角色，个体就可能出现某些社交行为，这些行为类似真实的社会交往，因此被称为“准社会交往”。[②]已有研究表明，

① 张晴，中国传媒大学政府与公共事务学院讲师。

② HORTON D，WOHL R R.Mass Communication and Para-Social Interaction：Observations on Intimacy at a Distance［J］.Psychiatry，1956，19（3）：215-229.

这种虚拟的人际交往对引导受众关注[①]、引发态度改变[②]、影响个体行为[③]、减少社会偏见[④]以及提升人际交往水平[⑤]等传播效果方面都发挥着重要作用。可见，传者与受众之间的关系在预测传播效果时扮演着越来越重要的角色，这也为海外社交平台讲好中国故事的路径方法提供了理论启示。

一、“讲好中国故事”的紧迫性与重要性

2013 年 8 月 19 日，在全国宣传思想工作会议上，习近平总书记首次提出“讲好中国故事”的概念，他指出：“要着力推进国际传播能力建设，创新对外宣传方式，加强话语体系建设，着力打造融通中外的新概念新范畴新表述，讲好中国故事，传播好中国声音，增强在国际上的话语权。”[⑥]之后，习近平总书记在多个场合提及国际传播能力建设的问题，在 2021 年 5 月 31 日举行的中共中央政治局第三十次集体学习上，习近平总书记围绕加强国际传播能力建设发表讲话，他在讲话中强调，“讲好中国故事，传播好中国声音，展示真实、立体、全面的中国，是加强我国国际传播能力建设的重要任务。要深刻认识新形势下加强和改进国际传播工作的重要性和必要性，下大气力加强国际传播能力建设，形成同我国综合国力和国际地位相匹配的国际话语权，为我国改革发展稳定营造有利外部舆论环境，为推动构建人类命运共同体作出积极贡献。”[⑦]党的二十大报告也指出，“增强中华文明传播力影响力。坚守中华文化立场，提炼展示中华文明的精神标识和文化精髓，加快构建中国话语和中国叙事体系，讲好中国故事、传播好中国声音，展现可信、可爱、可敬的中国形象”。[⑧]

① BROWN W J，BASIL M D.BOCARNEA M C.The Influence of Famous Athletes on Health Beliefs and Practices：Mark McGwire，Child Abuse Prevention，and Androstenedione［J］.Journal of Health Communication，2003，8（1）：41-57.

② RUBIN A M，STEP M M.Impact of Motivation，Attraction，and Parasocial Interaction of Talk Radio Listening［J］.Journal of Broadcasting & Electronic Media，2000，44（6）：635-654.

③ BROWN W J，BASIL M D.Media Celebrities and Public Health：Responses to “Magic” Johnson’s HIV Disclosure and Its Impact on AIDS Risk and High-Risk Behaviors［J］.Health Communication，1995，7（4）：345-370.

④ SCHIAPPA E S，GREGG P B，HEWES D E.The Parasocial Contact Hypothesis［J］.Communication Monographs，2005，72（1）：92-115.

⑤ PAPA M J，SINGHAL A，LAW S，et al.Entertainment Education and Social Change：An Analysis of Parasocial Interaction，Social Learning，Collective Efficacy，and Paradoxical Communication［J］.Journal of Communication，2000，50（1）：50-54.

⑥ 中共中央文献研究室.习近平关于社会主义文化建设论述摘编［M］.北京：中央文献出版社，2017.

⑦ 中国新闻网.习近平在中共中央政治局第三十次集体学习时强调 加强和改进国际传播工作 展示真实立体全面的中国［EB/OL］.（2021-06-01）［2023-04-17］. http://www.chinanews.com.cn/gn/2021/06-01/9489970.shtml.

⑧ 习近平.高举中国特色社会主义伟大旗帜 为全面建设社会主义现代化国家而团结奋斗——在中国共产党第二十次全国代表大会上的报告［R/OL］.（2022-10-25）［2023-4-17］. http://www.gov.cn/xinwen/2022-10/25/content_5721685.htm.

当前，中国正处于百年未有之大变局与实现中华民族伟大复兴战略全局的历史交汇期，向世界讲好中国故事、传递好中国声音，具有其迫切性和重要性。

第一，当前世界形势正在经历前所未有的变革，在新冠疫情、俄乌冲突的影响下，世界政治、经济格局急剧变化，也给全球治理带来了新的挑战。西方部分政客将中国的崛起视为威胁，通过大量抹黑言论和片面报道，企图误导公众认知，使公众形成刻板印象，以遏制中国发展。以美国为例，与上届总统奥巴马将中国界定为“合作伙伴或竞争者”不同，美国前总统特朗普在其上台后的首份《国家安全战略报告》中将中国界定为战略“竞争者”，针对中国开展贸易战、科技战、外交战、舆论战，在新冠疫情期间更是达到白热化程度，甚至将新冠病毒称为“中国病毒”。美国现任总统拜登在对华战略上较特朗普变本加厉，他在 2021 年 3 月发布的《国家安全战略临时纲要》中，将中国视为主要威胁，声称将与中国展开“极端竞争”以及“长期性、战略性竞争”，并拉拢其盟友及合作伙伴共同对付中国。在这一战略框架下，美国媒体对中国进行大量负面报道，在涉疆、涉藏、涉港、涉疫等问题上散播大量虚假信息，影响美国民众对华看法。根据美国皮尤研究中心 2018 年发布的对中国印象调查报告，受访美国人中对中国有负面印象的占 47%，此后这一比例逐年上升，2021 年 3 月的一项民调显示，89% 的美国人视中国为“竞争对手”或“敌人”。长期以来，西方发达国家在全球传播和舆论格局中处于强势地位，中国形象的国际传播主要依靠“他塑”，“他塑”视角下的涉华报道对中国形象的塑造多有歪曲，使得海外受众对中国充满了刻板印象。因此，加强国际传播能力建设，通过讲述可信、可爱、可敬的中国人的故事，向世界展现真实、立体、全面的中国，为中国的发展营造良好的外部舆论环境十分迫切。

第二，自改革开放以来，我国的经济发展水平不断提高，综合国力与国际地位日益增强，国际影响力不断扩大，新的发展阶段需要拥有与我国综合国力和国际地位相匹配的国际话语权。近年来，我国取得了多项伟大成就：全面建成小康社会。推动物质文明、政治文明、精神文明、社会文明、生态文明协调发展，创造了中国式现代化新道路，创造了人类文明新形态。①

消灭绝对贫困。根据国际标准，1981 年至 2015 年，中国贫困人口减少了近 8.68 亿人，全球贫困人口减少了近 11.7 亿人，中国占世界摆脱贫困人口的 74%。到 2016 年，中国大陆生活在贫困线以下的人口减少了 99.1%。到 2020 年年底，中国消除了绝对贫困现象。意大利罗马大学教授亚历珊德拉·恰蒂尼认为，“中国的脱贫成就已成为当今

① 白暴力.全面建成小康社会的伟大意义［EB/OL］.（2021-08-04）［2023-04-18］. http://www.xinhuanet.com/politics/2021-08/04/c_1127728306.htm.

世界最值得关注的一道经济社会发展的亮丽风景线”。[①] 新冠疫情暴发之后，以习近平同志为核心的党中央始终坚持人民至上、生命至上，因时因势不断优化调整疫情防控措施，努力用最小代价实现了最大防控效果，将重症和死亡人数尽最大可能降至最低，最大限度地保护了人民生命安全和身体健康，最大限度地减少了疫情对经济社会发展的影响。[②] 不仅如此，我国还以“加强团结、同舟共济”为理念，同各方分享防控和救治经验，尽己所能为有关国家提供支持和帮助，中国援助、中国经验与中国制造为各国抗疫注入强劲动力。[③] 国内生产总值稳居世界第二。中华人民共和国诞生时，我国经济基础极为薄弱。1952 年，我国国内生产总值仅为 679 亿元，人均国内生产总值为 119 元。自 2010 年起，我国国内生产总值稳居世界第二。2022 年，我国国内生产总值总量达 121 万亿元（约合 18 万亿美元），全年人均国内生产总值 85698 元，占全球经济的比重预计近 18%。[④]

提出一系列重大倡议。面对全球发展的新机遇、新挑战、新课题，中方在一系列重要双多边场合，坚定发出中国声音、提出中国倡议、给出中国方案。“一带一路”倡议，全球发展倡议，全球安全倡议，构建全球发展伙伴关系、全球经济复苏伙伴关系、大宗商品合作伙伴关系，稳定和富有韧性的产业链供应链国际合作倡议，国际粮食安全合作倡议等倡议得到了国际社会的广泛响应，应者云集。[⑤] 以“一带一路”倡议为例，自 2013 年习近平总书记提出建设“一带一路”合作倡议起，十年间，我国已与 151 个国家、32 个国际组织签署 200 多份合作文件，[⑥]“一带一路”已成为一项“造福沿途各国人民的大事业”。四十多年的改革开放，中国走出了一条独有的中国式现代化道路。加强国际传播能力建设，通过讲好中国故事，向世界宣介中国主张、中国智慧、中国方案，为人类发展提供新的选择，让世界更好地读懂中国，为推动构建人类命运共同体作出积极贡献。

第三，从 2013 年习近平总书记首次提出讲好中国故事开始，十年时间里，我国在国际传播方面做了大量的工作，国际传播的水平有所提升，但是官方媒体的部分传播

---

① 光明网 . 中国消除绝对贫困是世界亮丽风景线［EB/OL］.（2021-09-23）［2023-04-18］. https://m.gmw.cn/baijia/2022-09/23/36043005.html.

② 新华网 . 新华述评：成果来之不易 启示弥足珍贵——三年抗疫实践系列述评之一［EB/OL］.（2022-12-17）［2023-04-18］. http://www.xinhuanet.com/comments/2022-12/17/c_1129214594.htm.

③ 环球网 . 彰显大国担当的中国贡献——成功抗击新冠疫情的启示（下）［EB/OL］.（2023-04-04）［2023-04-18］. https://baijiahao.baidu.com/s?id=1762210958750672407&wfr=spider&for=pc.

④ 新京报 . 去年我国 GDP 总量稳居世界第二，即将跻身高收入经济体行列［EB/OL］.（2023-02-28）［2023-04-18］. https://baijiahao.baidu.com/s?id=1759073410662218315&wfr=spider&for=pc.

⑤ 光明网 .“中国倡议”为全球发展指明方向［EB/OL］.（2023-01-04）［2023-04-18］. https://m.gmw.cn/baijia/2023-01/04/36278719.html.

⑥ 经济日报 . 共建“一带一路”为全球发展注入更多确定性［EB/OL］.（2023-04-10）［2023-04-18］. http://www.ce.cn/xwzx/gnsz/gdxw/202304/10/t20230410_38489796.shtml.

内容仍然存在自说自话的现象，“有理说不出”“说了传不开”“传了叫不响”的问题仍然困扰着官方媒体。根据全球品牌评估咨询公司 Brand Finance 在 2022 年 3 月 15 日发布的“2022 年全球软实力指数排名（Global Soft Power Index 2022）”，在 120 个参与调查的国家中，中国的软实力指数排名在美国、英国和德国之后，位列第四。我国在影响力、商业与贸易、教育与科学等维度中排名较高，但是“人民与价值观”维度仅位列第 38 名，“媒体与传播”维度位列第 12 名。[①] 造成“人民与价值观”和“媒体与传播”维度排名靠后的原因是多方面的。首先，我国官方媒体在西方受众心中有一种“坏孩子印象”，在“坏孩子印象”的影响下，西方受众对我国官方媒体的信任感较低，使得正面报道效果大减，有时甚至成了负面报道。[②] 其次，在面对重大议题时，我国媒体国际新闻报道的响应时间、发文数量与西方媒体相比仍较为不足，报道的阅读量、转引量仍较少，报道传播的广度、深度均有待提高。

第四，智能媒体的发展为国际传播态势带来了新的变化。根据张洪忠等人的观点，以人工智能技术为代表的智能传播正在颠覆国际传播格局。[③] 在传播主体方面，国际传播的主体由以人类为单一主体发展为“人 + 机器人”的复合主体。随着人工智能技术应用到传播领域，虚拟主播、机器人写作、社交机器人、智能语音助手等新技术开始以传播主体的身份同人类一起参与信息的生产与传播。在传播渠道方面，自动化算法程序和社交机器人等智能传播技术消解了传统的国际传播渠道——权威媒体的影响力。一方面，社交机器人等技术能在短时间内生产和发布大量内容，在发布速度和发布数量上远超传统媒体；另一方面，较之于传统媒体一对多的大众传播，算法能够根据用户需求进行精准推送，满足用户的个性化需求。在传播内容方面，人工智能技术使国际传播内容的表现方式从单一形态向多模态转变，在 VR、AR、深度伪造、人工合成等技术的作用之下，信息内容呈现虚实结合、真假难辨的状态。在传播环境方面，国际传播高地将呈现扁平化态势。全球主要的新闻通讯社、传媒巨头大多分布在政治、经济、科技、文化发达地区，但是以社交机器人为代表的智能传播技术不受资源集中配置的限制，一方面，运营社交机器人的组织在监管机制不完善的欠发达地区落地生根、快速发展，并代表其背后的利益集团发布内容、表达观点；另一方面，在社交媒体中，意见领袖不再局限于传统社会的精英，偏远地区的普通用户也有可能成为意见领袖。智能媒体的发展使

---

① 胡正荣 . 当代性与世界性：国际传播效能提升的重要路径［J］. 国际传播，2022（3）：1.

② 李珮，刘海燕 . 传媒全球化下的有效对外传播策略［M］// 李希光 . 软实力与中国梦 . 北京：法律出版社，2011：257.

③ 张洪忠，任吴炯，斗维红 . 人工智能技术视角下的国际传播新特征分析［J］. 江西师范大学学报（哲学社会科学版），2022，55（2）：111.

得国际传播在主体、渠道、内容和环境等方面产生了巨大的变化，智能化的信息生产使得信息生产效率呈指数级增长，大量真假难辨的信息干扰着人们的认知与判断，大量机器生产内容淹没了人工生产内容。国际传播正在转变为技术之间的博弈，舆论战、认知战逐渐成为国际传播的主战场。

二、海外社交平台在国际传播中的优势

一直以来，传统主流媒体都是国际传播的主要渠道，无论是国家形象塑造、国际舆论引导还是对他者进行议程设置，我国都主要依靠传统媒体开展国际传播。但受制于传统媒体在国际传播中的影响力、公信力不足，“西强我弱”的国际舆论格局依然没有得到根本转变，中国话语、中国故事、中国声音还无法得到有效传播。[①] 随着媒介技术的不断发展，尤其是社交媒体的诞生，其参与性、复向传播性、对话性和圈子性有助于提升国际传播的认同感、覆盖率、亲和性和黏合度，使其成为国际传播的重要场域。[②] 借助海外社交平台开展国际传播具有以下优势。

（一）丰富传播主体

传统媒体受媒介定位及版面或时长的限制，传播主体以官方为主，虽然也会出现非官方主体，但是非官方主体的选择广度以及刻画的深度都较为有限。社交媒体所具有的用户生产内容和信息传播的海量性等特点，大大扩展了国际传播的主体。在社交平台中，除了官方媒体、政府机构等传统国际传播主体，还有国内其他组织机构、企业及个体、海外华人、外国在华人士等多元主体，极大地丰富了讲述中国故事的主体。中国故事是对中国人生活中已发生、正发生或将发生的事件及过程的回忆、观察或想象的符号化概括。[③] 通过多元主体对“中国故事”不同的观察、理解和记录，丰富了叙事层次，使得国际传播既包含国家治理、民族复兴、国际交往等大叙事，也包含城乡发展、技术进步、行业运行等中叙事，还包含展现百姓日常生活的小叙事；拓展了传播内容，除政治、经济等“硬”内容外，还有中国的历史文化、美食美景、百姓生活等“软”内容；提升了传播的亲和力，大量民间传播主体讲述普通中国人的日常生活；增强了传播的可信度，有研究表明，用户认为活跃于 YouTube 等社交媒体的名人比主流名人更真实、更有影响力[④]。

① 郑保卫，王青．当前我国国际传播的现状、问题及对策［J］．传媒观察，2021（8）：13.

② 栾轶玫．社交媒体：国际传播新战场［J］．中国传媒科技，2012（11）：19.

③ 李连璧．YouTube 平台上在华外国人如何演绎中国故事［J］．传媒，2022（5）：55.

④ Survey：YouTube Stars More Popular Than Mainstream Celebs Among U.S.Teens［EB/OL］．（2014-08-05）［2024-03-01］．http://variety.com/2014/digital/news/survey-youtube-stars-more-popular-than-mainstream-celebs-amongu-s-teens-1201275245.

（二）扩展传播视角

与传统媒体的官方视角不同，社交媒体来源于草根。从民间视角讲述的中国故事，内容更加丰富、展现更为细节、讲述更带温度、更易引发共鸣，有助于推动海外受众对我国的了解、理解与认同。例如，2019 年草根账号李子柒在 YouTube 中吸引了大量海外粉丝，李子柒通过分享日常衣食住行，诗意而又唯美地呈现了山间农耕生活的自得其乐。通过展现粗布棉衣、乡间土灶、田园果蔬、小院农舍等画面，春播、夏种、秋收、冬藏等场景，除夕、端午、七夕、中秋节等岁时节令，柿饼、涮羊肉、螺蛳粉、黄桃罐头等美食，以及李子柒与奶奶之间的祖孙亲情，让海外受众深度感知了中国传统文化和美食的魅力，也与祖孙之间的深厚情感产生共鸣。有海外网友评论，“发自内心地觉得，这才是生活本该有的样子”，还有网友表示，“想来中国看看”。[①]

（三）提升传播精度

为提升国际传播效果，我国的国际传播从过去的“一洲一策”发展到如今的“一国一策”，胡正荣认为，如果要真正实现精准化国际传播，未来应走向“一群一策”。[②]然而，仅仅依靠传统媒体进行内容生产，内容的丰富性和传播的匹配度很难保证，“一群一策”目标实现的难度非常大。借助社交媒体数量庞大而又视角不同的传播主体，为“一群一策”提供了丰富的内容支持。同时，对社交媒体中自动化算法程序的应用，为提升国际传播的精准度提供了坚实的技术保障。

（四）扩大传播范围

根据 Datareportal、Meltwater、We Are Social 联合发布的《数字 2023：全球概览报告》（*Digital 2023：Global Overview Report*），当今世界有 51.6 亿互联网用户，其中，社交媒体用户 47.6 亿，占全球总人口的近 60%。新冠疫情暴发以来，全球社交媒体新增用户超过 10 亿，增长量近 30%。全球范围内人们最常用的社交平台中，Facebook 拥有 29.58 亿月活跃用户，几乎相当于全球人口的 38%，YouTube 的月活跃用户为 25 亿、Whats App 和 Instagram 的月活跃用户为 20 亿、微信的月活跃用户为 13 亿、TikTok 的月活跃用户为 10 亿。[③]没有哪个传统媒体能够拥有如此多的受众，而社交媒体在全球范围内形成了“互联互通的景象”，大大扩展了国际传播的传播范围。

---

① 辛静，叶倩倩.国际社交媒体平台中国文化跨文化传播的分析与反思——以 YouTube 李子柒的视频评论为例［J］.新闻与写作，2020（3）：17.

② 胡正荣.胡正荣：国际传播的迭代升级 情境化与场景化［J］.公关世界，2022（17）：18.

③ 全球搜.2023 全球数字报告［EB/OL］.（2023-03-10）［2023-04-18］.https://www.globalso.com/blog/2023-03-10.

（五）增进传受交流

国际传播的最终目的是促进海外受众对我国的认同。但传播的过程往往遭遇误解，尤其在部分西方媒体大肆鼓吹“中国威胁论”的当下，部分海外受众对我国相关信息存在选择性回避或者持有负面刻板印象。社交媒体的互动性为传受双方提供了沟通的有效渠道，通过评论或弹幕可以实时获取用户的想法与感受，及时回应疑惑、澄清谣言、化解分歧，消除海外用户对我国的不良印象。另外，通过交流建立良好的互动关系，向海外用户展现良好的中国形象，提升海外用户的参与感，增进双方友谊及对我国的喜爱。

三、准社会交往与社交媒体国际传播

（一）准社会交往的定义

准社会交往指的是媒介使用者与媒介人物之间形成的单方面的情感联系。霍顿和沃尔指出，某些受众特别是电视观众，往往会对其喜爱的电视角色（如新闻播音员、节目主持人、大众媒介的报道对象、虚构人物、卡通人物、动物等）产生某种情感依恋，并派发出一种想象的人际关系，使得观众认为他们就像认识现实生活中的朋友一样认识媒介角色。① 准社会交往是用户对媒介人物的即时反应，长期的准社会交往会形成准社会关系。② 施拉姆等认为，对很多观众来说，准社会关系在他们的社交世界中占据重要的地位。③有研究表明，准社会交往在引导受众关注④、引发态度改变⑤、影响个体行为⑥、减少社会偏见⑦以及提升人际交往水平⑧等方面发挥着重要作用。

关于引起准社会交往的原因，有学者认为，“吸引”是其中的重要因素。麦克罗斯基和麦凯恩详细区分了三种类型的吸引，分别是：（1）身体吸引，指个体的外部特征对

① HORTON D，RICHARD W R.Mass Communication and Para-Social Interaction：Observations on Intimacy at a Distance［J］.Psychiatry，1956，19（3）：215-229.

② 马志浩，葛进平.日本动画的弹幕评论分析：一种准社会交往的视角［J］.国际新闻界，2014，36(8)：116.

③ SCHRAMM H，WIRTH W.Testing a Universal Tool for Measuring Parasocial Interactions Across Different Situations and Media［J］.Journal of Media Psychology，2010，22（1）：26-36.

④ BROWN W J，BASIL M D，BOCARNEA M C.The Influence of Famous Athletes on Health Beliefs and Practices：Mark McGwire，Child Abuse Prevention，and Androstenedione［J］.Journal of Health Communication，2003，8（1）：20-28.

⑤ RUBIN A M，STEP M M.Impact of Motivation，Attraction，and Parasocial Interaction of Talk Radio Listening［J］.Journal of Broadcasting & Electronic Media，2000，44（6）：635-654.

⑥ BROWN W J，BASIL M D.Media Celebrities and Public Health：Responses to “Magic” Johnson’s HIV Disclosure and Its Impact on AIDS Risk and High-Risk Behaviors［J］.Health Communication，1995，7：(4).

⑦ SCHIAPPA E S，GREGG P B，HEWES D E.The Parasocial Contact Hypothesis［J］.Communication Monographs，2005，72（1）：92-115.

⑧ PAPA M J，SINGHAL A，LAW S，et al.Entertainment Education and Social Change：An Analysis of Parasocial Interaction，Social Learning，Collective Efficacy，and Paradoxical Communication［J］.Journal of Communication，2000，50（1）：587-589.

他人的吸引程度；（2）社会吸引，指个体受人喜爱的程度；（3）任务吸引，指任务本身对个体的吸引程度。[①] 罗宾和麦克休的研究探讨了身体吸引、社会吸引和任务吸引对于引发准社会交往的影响。研究结果表明，这三类吸引均与准社会交往呈正相关关系，且任务吸引和社会吸引与准社会交往的正相关性更为显著。[②] 此外，也有研究者认为，由于准社会关系的形成需要一定的持久性，因此，个体收看媒介角色出演节目的时长是引起准社会交往并最终形成准社会关系的前提条件。[③] 但是，目前还没有实证研究证明媒介使用时长与形成准社会关系之间的相关性。[④]

（二）社交媒体与准社会交往

已有研究表明，准社会交往可以发生在多种类型的媒介条件下，如广播、电视、小说甚至舞台表演，都可以引起受众与角色之间的准社会交往。社交媒体双向互动的功能、后区偏向的内容、诉诸情感的表达方式和用户越来越长的使用时间，使得准社会交往成为一种普遍存在且传播效果显著的互动形式。

第一，社交媒体的互动性使其既具有大众传播的功能又具有人际交往的功能，这为准社会交往的产生提供了可能。有别于大众传播媒介，在社交媒体中，媒介角色与用户之间的真实互动变得十分容易，通过点赞、评论等方式进行真实互动，又进一步强化了用户与媒介角色之间的准社会关系。

第二，媒介角色通过在社交媒体中发布“后区偏向”的内容进行自我披露（self-disclosure），令用户感到不确定性减少，进而促进准社会关系的形成。根据戈夫曼的“拟剧论”，任何个人在特定情境中的行为都可分为“前台区域”和“后台区域”两大类。“前台区域”指个人在舞台表演区的行为，“后台区域”指个人的放松状态。[⑤] 社交媒体发布的内容呈典型的“后区偏向”特征。所谓“后区偏向”，指社交媒体发布的内容看似展现了个人的放松状态，实则经过传播者把关，而非完全的“后台区域”。传播者通过发布“后区偏向”的内容给用户带来在进行自我披露的错觉，令用户感到与媒介角色之间产生了更深层次的联系，进而产生准社会交往。

---

① MCCROSKEY J C, MCCAIN T A. The Measurement of Interpersonal Attraction［J］. Speech Monographs，1974，41（2）：261-266.

② RUBIN R B, MCHUGH M P. Development of Parasocial Interaction Relationships［J］. Journal of Broadcasting & Electronic Media，1987，31（3）：279-292.

③ RUBIN A M, PERSE E M, POWELL R A. Loneliness, Parasocial Interaction and Local Television News Viewing［J］. Human Communication Research，1985，12（2）：155-180.

④ CHORY-ASSAD R M, YANEnN A. Hopelessness and Loneliness as Predictors of Older Adults' Involvement with Favorite Television Performers［J］. Journal of Broadcasting & Electronic Media，2005，49（2）：182-201.

⑤ 张晴. 社交媒体与公共外交2.0——以美国的社交媒体公共外交实践为例［J］. 四川大学学报（哲学社会科学版），2016（3）：156.

第三，在后真相时代，情绪与情感成为社交媒体内容火爆的关键因素。传播者迎合用户而表达的观点，在社交媒体视频、音频、动画等多种表现形式的渲染之下，更易引起共鸣，产生社会吸引，进而引起准社会交往。

第四，当今用户对社交媒体的使用时间越来越长，《数字 2023：全球概览报告》发布的数据显示，人们花在社交媒体上的时间达到了前所未有的长度，2022 年的数据为平均每日 2 小时 31 分钟。用户长期关注媒介角色发布的信息，“日久生情”，更易出现准社会交往。

由此可见，准社会交往在社交平台中同样存在。准社会交往搭建了媒介角色和用户之间关系的桥梁，通过产生情感接近，使用户对媒介角色产生信任与依赖，在媒介角色的影响下，甚至产生态度或行为的改变。

（三）准社会交往对海外社交平台国际传播力的影响

在利用海外社交媒体进行国际传播时，用户与媒介角色之间的准社会交往可以发挥以下三方面的作用。

第一，建立信任，搭建破圈的信息传播渠道。喻国明等认为，随着技术的进步和海量信息的涌入，个体认知表现出短程记忆与浅化思维、决策成本不断提升、多场域的情感共振成为新常态等特征，加之社会结构的圈层化组织形式、非理性的决策要素和“拥抱不确定性”的社会心理，使得个体的认知能力不足以确保作出明智和及时的决策，国际传播的博弈逐渐由信息竞争转变为认知竞争。[①] 认知（cognition）的概念来源于心理学，指通过思想、经验和感官获得知识与进行理解的一系列心理过程，包括思考、认识、记忆、判断和决策。在国际传播中，利用认知干预改变人们的思维体系，进而影响其行为方式，可以达到“不战而屈人之兵”的目的。认知竞争的具体操作逻辑包括信息收集、建立信任、利用与实施、达到目标四个阶段[②]，其中，建立信任是非常重要的一环。在利用海外社交媒体进行国际传播时，引发用户与传播者之间的准社会交往是建立信任的有效手段。

第二，引发共情，减少偏见。长期以来，中国故事国际传播面临着自我叙事的“主观、强硬、枯燥”和他者的丑化、歪曲，使得部分海外受众对中国形象存在负面刻板印象，对中国故事有较强的逆反心理。准社会关系的形成必然建立在理解与共鸣的基础上，当国际传播的主体与用户不再处于对立面，而是成为有共同旨趣的朋友时，出于爱屋及乌的心理，用户更易接受与理解媒介角色传播的内容。

① 喻国明，颜世健 . 认知竞争时代的传播转向与操作策略［J］. 东南学术，2022（6）：227.

② 喻国明，颜世健 . 认知竞争时代的传播转向与操作策略［J］. 东南学术，2022（6）：227.

第三，建立长期情感关系，增进认同。国际传播的最终目的就是增进海外受众对我国的了解，进而改变海外受众的对华态度，最终实现对中国道路、中国制度、中国文化等的认同。准社会关系的形成，使用户愿意长期关注媒介角色发布的内容。在媒介角色发布信息和表达情感的长期影响下，最终实现对中国的认同。

四、准社会交往在海外社交平台国际传播中的实现与强化

如前文所述，吸引在准社会交往的形成过程中起到非常重要的作用，身体吸引、社会吸引和任务吸引均与准社会交往呈正相关关系，且任务吸引和社会吸引与准社会交往之间的正相关性更强。

所谓任务吸引，指的是用户感知媒介角色能帮助自己完成任务的程度，如果想实现任务吸引，需要媒介角色传播的信息或增长用户的见识，或启迪用户的思考。所谓社会吸引，是指用户有与媒介角色交友的意愿，若想实现社会吸引，需要媒介角色与用户具有相似性且具有人格魅力，此外，在社交媒体中适当的互动也是必不可少的。

从任务吸引和社会吸引的角度来看，在海外社交平台讲中国故事的过程中，如果想使用户与媒介角色之间形成准社会关系，需要从以下几方面努力。

（一）叙事主体上，要打造有特色、可识别的媒介角色

有特色、可识别的媒介角色应当解决的是角色主体的吸引力问题。

第一，社交账号应设有一个或多个固定媒介角色。媒介角色是准社会交往的核心，但并非所有社交账号的主体都是人，越来越多的政府部门、主流媒体、学术机构、企事业单位在海外社交平台开设账号。若想与用户形成准社会关系，需要借助固定的媒介角色讲述中国故事。凤凰卫视曾经推出“三名战略”，即通过打造名主持、名评论员、名记者来增强观众与电视台之间的黏性。在这一策略下，凤凰卫视打造出陈鲁豫、窦文涛、吴小莉等一众知名主持人和记者，这些主持人、记者的粉丝也成为凤凰卫视的忠实观众。与此类似，借助固定媒介角色讲述中国故事，为用户提供长期接触媒介角色的机会，当用户与媒介角色之间建立了准社会关系，也会提升用户对社交账号的关注度、对社交账号传播内容的接受度和认同度。

第二，媒介角色应当做到特色鲜明，个性突出，既具有中国人民的典型特征，又与海外用户具有相似性。首先，鲜明而突出的个性方能凸显媒介角色的个人魅力，才能使角色在社交平台海量的传播者中脱颖而出。其次，作为中国故事的主体，应当具有中国人民的典型特征，能够反映大部分中国人生机勃勃、自强不息、不断进取的精神风貌和待人宽容、内心平和、稳重保守、有情有义、真诚善良的优秀品质。同时，还要通过增

强与海外用户的相似性，增进海外用户的亲近感、认同感，引起海外用户共情。因此，在选择和塑造媒介角色的时候，要先明确社交账号的用户定位，充分了解社交账号目标用户的特点与喜好，包括历史文化、风俗习惯、思维方式和处事风格等，提炼出媒介角色与海外用户的共同点，将海外目标用户的喜好和我们想展现的形象相结合，拉近与海外用户之间的距离。

（二）选题方向上，要直面发展中存在的问题

我国的基本宣传方针是“以正面报道为主”，这并不是说在对外传播时只能讲正面，不能讲负面。国际传播的过程其实也是一个说服的过程，说服理论认为，当说服者表达的观点中有不利于自己的内容时，说服对象会认为说服者更可信。也就是说，在国际传播中直面发展中存在的问题，勇于展现不好的一面，能够增加传播内容的可信度。习近平总书记在党的新闻舆论工作座谈会上的讲话中指出：“不是说只能讲正面，不能讲负面，关键是要从整体上把握好平衡。舆论监督和正面宣传是统一的，而不是对立的。新闻媒体要直面工作中存在的问题，直面社会丑恶现象，激浊扬清、针砭时弊，对人民群众关心的问题、意见反映多的问题，要积极关注报道，及时解惑，引导社会心理预期，推动改进工作。”① 以正面宣传为主最重要的是以正面传播效果为主，国际传播中“刻意打扮”或是不能坦诚面对和质疑的行为都不可取，只有真诚、坦诚地面对，才能够以真心换真心，交上真朋友。

（三）内涵立意上，要兼具当代性与世界性

故事立意的当代性与世界性解决的是故事内容的吸引力问题。在社交媒体的海量信息中，有用、有趣、有情的内容更易吸引用户的注意。在我国海外社交平台国际传播的实践中，基本能够做到“有趣”，但是“有用”和“有情”却稍显不足。发布“有用”的内容可使媒介角色对海外用户产生任务吸引，发布“有情”的内容，可使媒介角色对海外用户产生社会吸引。如要使内容产生“有用”和“有情”的效果，在故事的立意上应当具有当代性与世界性。

第一，当代性指的是中国故事表达的主体应当具备当代价值和当下关怀。② 无论我们讲述的中国故事是取自古代还是现代，都应对接现实，能够给当代人以启发。在代际传播中存在的“代沟”——年轻人不喜欢听长辈讲过去的故事，很重要的原因就是“过去的故事”无法指导年轻人当下的生活。与此类似，我国在国际传播中最常展现的元素，如汉服、编钟、京剧、剪纸等传统文化，因为缺乏对其中当代价值的深度挖掘，对

① 陈力丹 . 掌握国际传播规律 构建对外话语体系［J］. 新闻爱好者，2022（11）：4.

② 胡正荣 . 当代性与世界性：国际传播效能提升的重要路径［J］. 国际传播，2022（3）：1.

海外受众来说，除了满足猎奇心理，难以产生启发、形成共鸣，也难以形成准社会交往。但如果我们传播的内容具有当代价值，其中的做事方法、思想理念、价值观能够给海外受众带来启发，自然会受到海外受众的喜爱。例如，美国电视情景喜剧《老友记》自 1994 年开播以来，在近 30 年的时间里，在全球范围内经久不衰，就是因为剧中六个主角曾经面对的关于友情、亲情、爱情的问题同样是当下观众所需要面对的问题，六个主角的做法能够给当下观众带来启发与思考。与此类似，中国电视剧《媳妇的美好时代》在 2012 年被翻译成斯瓦希里语在坦桑尼亚热播，吸引坦桑尼亚观众的不是中国的高楼大厦，而是剧中人物面临的婆媳关系、家庭矛盾与坦桑尼亚人民的日常生活有很大的共通性。可见，传播立意的当代价值有助于传播内容的推广。

第二，世界性关注的是中华文化的思想价值观念与全人类共同价值融合的问题。国际传播不能自说自话、自娱自乐，要在故事的立意中融入世界意义。习近平总书记在 2022 年 5 月 27 日举行的中共中央政治局第三十九次集体学习上提到："要坚持弘扬平等、互鉴、对话、包容的文明观，以宽广胸怀理解不同文明对价值内涵的认识，尊重不同国家人民对自身发展道路的探索，以文明交流超越文明隔阂，以文明互鉴超越文明冲突，以文明共存超越文明优越，弘扬中华文明蕴含的全人类共同价值，推动构建人类命运共同体。"[①] 我国自古就有"和"的价值观，通过平等、互鉴、对话、包容的方式践行国际传播，才能真正实现全球人民携手向前。

2008 年北京奥运会和 2022 年北京冬奥会开幕式的国际传播效果也说明了这一问题。2008 年，我国第一次举办国际重大体育赛事，出于迫切希望世界了解中国的心理，在其中展现了大量的中华传统元素，水墨画、《论语》吟诵、兵马俑、太极等，整场开幕式虽然视觉效果非常好，但是内容更像是中国五千年文化的展示，只有大量文化符号的堆砌，而没有故事串联，更缺乏与海外受众的交流对话，无论是转播开幕式的海外媒体还是观看开幕式的海外公众都缺乏对其内涵的解读能力，无法产生共情。与此形成对比的是 2022 年北京冬奥会的开幕式，张艺谋总导演以讲述新时代的中国为主线，所讲述的故事清晰鲜明，通过儿童合唱团的歌唱，雪花、鸽子等意义共通元素展现了中国人拥抱世界的强烈愿望，将人类命运共同体的世界价值体现得淋漓尽致。整场开幕式获得了海外公众较高的评价，联大主席沙希德表示，北京冬奥会将是超越地缘政治，促进全球团结、和平和人类创造力的重要机会。

---

① 新华社. 习近平主持中共中央政治局第三十九次集体学习并发表重要讲话［EB/OL］.（2022-05-28）［2023-04-18］. http://www.gov.cn/xinwen/2022-05/28/content_5692807.htm.

（四）叙事视角上，要更加注重真实具体

社交媒体用户生产内容的属性，使得社交媒体中充满了小人物的小故事，宏大叙事在其中显得格格不入。同样，采用宏大叙事的方式进行国际传播，也会产生虚无感强、可信度低的问题。因此，在利用海外社交媒体讲述中国故事时，应选择小切口，越是细节越显真实，越是细节越见真情，越是细节越显可爱。在一个个真实具体的故事之中，更能凸显可信、可敬、可爱的中国人形象。例如，一直以来，西方编造的关于新疆的谣言中，教培中心是一个绕不开的话题。受西方媒体的影响，很多海外受众认为新疆的教培中心是关着 100 万 ~300 万名学员的集中营，学员没有人身自由，被强迫劳动，女学员甚至被强制绝育。围绕这些疑惑，新华社制作了《真实中国：民主自由人权探索之旅》英文纪录片。片中新华社记者和三个美国记者，来到教培中心亲自感受、参观，在教培中心大门口，美国记者震惊于这里和西方的描述完全不一样——墙不是很高，也并非到处都是铁丝网，也没有警务人员时刻守着，有记者笑言："作为一名老年人，连我都可以爬过围栏。"纪录片中有许多培训班学员讲述他们的故事，阿里木江 · 艾合买提说："每个周末我都会回家陪家人、帮父母做做家务，古尔邦节等传统节日我都和家人团聚庆祝；对于离家远的同学，学校安排了周末班车，供大家免费乘坐。家里有事了，我们也可以随时请假。在节假日，我们回到家可以自己决定做不做礼拜、去不去清真寺听伊玛目讲《古兰经》，从来没有人干涉过。"阿布都拉 · 麦提图尔荪从教培中心结业后，经朋友介绍，应聘到策勒县一家砂石料厂。合同期满后，他辞掉了砂石料厂的工作。如今他已成为一家建筑公司的业务骨干，每月的工资有 8000 多元，生活过得有滋有味。一个个鲜活个体的真实故事，展现了培训学校的真相，也令观众看到中国人民的勤奋、朴实、善良。以小人物的视角讲述中国故事，更能令海外用户信服。

（五）表现形式上，要可听可观可感可参与

社交媒体多媒体的性质要求社交媒体中的叙事做到声音可入耳、画面可入眼、叙事感人心、用户可参与。目前，我国的国际传播大多会通过音频、视频等多种形式展开叙事，但是在吸引用户参与方面仍较为不足。2020 年，歌手费玉清演唱的歌曲《一剪梅》突然在国际音乐平台 Spotify 上蹿红，取得了挪威第一、新西兰第一、瑞典第二、芬兰第二的霸榜好成绩。[①] 之后，在 TikTok 上 # 雪花飘飘，北风萧萧（#xuehuapiaopiaobeifengxiaoxiao）话题内视频累计播放量超 1.8 亿次。视频创作者来自世界各地，以有趣生

① 北美省钱快报.意外出圈！费玉清《一剪梅》突然在美国爆红！美国人张口就来："雪花飘飘，北风萧萧……"［EB/OL］.（2020-06-17）［2023-04-18］. https://www.163.com/dy/article/FFBSE56605188DJH.html.

动的方式全新演绎这句歌词，让这首歌咏爱情的中国流行歌曲成为全球潮流。①xue hua piao piao，bei feng xiao xiao 成了海外网友的一个梗，被用在各种场景中，用于抒发自己悲伤的心情。在国际传播中吸引用户参与，一方面，增强了用户与媒介角色之间的情感连接，另一方面，用户也成为传播链条中的一个节点，帮助扩大传播范围。除了开设话题吸引用户生产内容，还可以通过设计新闻游戏或讨论话题等方式吸引用户参与。

五、结语

当前，世界形势正在经历前所未有的变革，全球政治和经济权力正在逐渐从西方转向东方，逆全球化、民粹主义、贸易保护主义抬头。在全球信任赤字愈演愈烈的情况下，促进民心相通成为重建新型国际关系的前提或重心，在这个过程中，以油管、脸书、推特等为代表的海外社交媒体因其用户数量多、范围广、黏性高、信息传播速度快、互动性强等优势，成为我国对外传播的重要平台。然而，相关研究发现，部分中国媒体账号存在产品结构单一、用户圈层封闭、互动率较低、社群化效果不强、对外传播策略与用户偏好存在偏差、涉外内容少且指向不明等不足，整体传播效果依然不够理想。此外，全球几个社交媒体巨头凭借庞大的用户群体、海量的用户数据、社交化的传播方式，使得传统媒体时代全球传播的线下不平等结构关系“平移”至新媒体时代的社交网络，并进一步通过全球扩张取得垄断优势。如何突破结构性局限和弥补操作实践层面的不足，合理利用对外传播资源、海外传播平台和优化对外传播战略，依然是亟须解决的问题。作为一种情感纽带，准社会交往从受众心理层面对传受双方之间的友好关系及传播效果具有积极意义。社交媒体的互动性与社群交往模式使准社会交往更易发生。本文从准社会交往理论入手，认为在利用社交媒体进行国际传播时，搭建角色与受众之间的准社会关系，可以建立信任，搭建破圈的信息传播渠道；引发共情，减少偏见；建立长期情感关系，增进认同。并从社交账号应推出可识别的媒介角色、故事立意应具有当代性与世界性、故事切口应真实具体、表现形式应可听可观可感可参与、故事内容应能够直面发展中存在的问题等角度思考在国际传播中促进与强化准社会交往以提升国际传播力的对策。

① 新民晚报.“雪花飘飘，北风萧萧”，你知道《一剪梅》是如何在TikTok上唱遍全球的吗?[EB/OL].(2021-04-25)[2023-04-18]. https://baijiahao.baidu.com/s?id=1697995324070997244&wfr=spider&for=pc.

【国际展望】

走向新型国际关系是21世纪的必然选择

——兼论新旧国际关系及全球治理

赵雪波[①]

【摘要】回顾21世纪的第一个五分之一时段，国际关系的发展和现状显然和各国政治家和专家们的预期相去甚远。随着新冠疫情与美国问题等新因素的出现，国际关系正在大踏步地退回到以前的混乱、无序的“强权即公理”的时代。最近一两年因新冠疫情和美国问题，国际关系陷入新的困境。人们所谓的“全球治理困境”，其实质是国际关系困境，要想摆脱国际关系困境，国际社会需要抛弃旧式国际关系，建立新型国际关系。党的二十大报告坚定这一理念，为未来指明了道路。

【关键词】新型国际关系；旧式国际关系；国际关系困境；全球治理

时光如梭，今天我们已经度过了21世纪的第一个五分之一时段，开始进入21世纪的第二个五分之一时段。回顾21世纪的第一个五分之一时段，国际关系的发展和现状显然和各国政治家和专家们的预期相去甚远。我们看到的仍然是熟悉的国际关系场景：战争不断，贫民遍地，弱肉强食，强权当道，东西对立，南北差异。甚至可以说，随着新冠疫情、美国问题等新因素的出现，国际关系正在大踏步地退回到以前的混乱、无序的“强权即公理”的时代。党的二十大报告指出：世界之变、时代之变、历史之变正以前所未有的方式展开。一方面，和平、发展、合作、共赢的历史潮流不可阻挡，人心所向、大势所趋决定了人类前途终归光明。另一方面，恃强凌弱、巧取豪夺、零和博弈等霸权霸道霸凌行径危害深重，和平赤字、发展赤字、安全赤字、治理赤字加重，人类社会面临前所未有的挑战。世界又一次站在历史的十字路口，何去何从取决于各国人民的抉择。

---

① 赵雪波，中国传媒大学政府与公共事务学院教授、博士生导师。

一、现状：新冠疫情与美国问题制造国际关系新困境

国际关系在21世纪的第一个五分之一时段的问题有目共睹，由于美国及其西方盟友迷恋强权政治，迷恋意识形态对抗，导致国际关系的紧张状态有增无减，造成国际社会有关和平、发展、减贫、环保等许多问题的无解，致使国际关系陷入一种长期困境。在21世纪的第一个五分之一时段结束和新的时段开启之际，随着新冠疫情在全球肆虐、“美国优先”政策等因素导致其自身成为国际问题，国际关系在原有的旧困境基础之上增添了新的障碍和困难，国际关系的困境进一步加重。

（一）新冠疫情

新冠疫情是2019年以来最重大的国际事件之一。根据中国国家卫健委提供的数据，截至2022年10月30日，全球累计确诊患者数量达到6.2亿多人，累计死亡657万多人。疫情最严重的三个国家，美国累计确诊病例9900多万人，死亡109万多人；印度累计确诊病例4400多万人，死亡52万多人；法国累计确诊病例3680多万人，死亡15万多人。新冠疫情完全是一场全球性的公共卫生危机事件，几乎没有一个国家能独善其身，置身疫情之外。其传播规模和影响范围是前所未有的。直到今天，在美国、欧洲等国家和地区日确诊率仍然保持在成千上万例的规模，大部分国家已经“躺平”，决定与病毒共存亡，而美国拜登政府则宣布疫情结束。然而按照WHO的警示，疫情结束的日期还不确定。毫无疑问，若干年后，新冠疫情将作为一段醒目的历史永载史册——没有什么比疫情更能体现这一时期的历史特征。人们将会把这一段历史称作“新冠历史”。

新冠疫情不仅是一场全球性的公共卫生事件，也是一个足以改变国际形势走向的国际事件。这场疫情在卫生健康、经济发展、政治秩序等各个方面都造成全球性的危机，形成一种完全有别于以往的独特的国际形势，给国际关系形成一种新的独特的外部环境。新冠疫情席卷全球，各国无论防疫成功与否，都会将很大一部分精力投入其中。疫情成为每一个国家不得不集中力量解决的问题，成为整个国际社会的一种存在状态，成为国际舆论关注的重点对象。疫情还成为美国等国家要挟、威胁中国的政治工具。从疫情被公开报道开始到现在，美国一直用病毒溯源问题转移国内外对其防疫失败的注意力，也在病毒溯源问题上甩锅于中国，给中国制造外交压力。在美国煽动下，疫情一度成为中美关系、中西关系的重要议题，体现了其作为国际议程的显要性。

疫情也体现了各国和国际组织的治理能力和水平。疫情暴发后，中国积极采取措施，迅速遏制病毒传播，在国内疫情有所好转后，立即投入对世界各国防疫工作的支

援，提供了人力、物资、技术和疫苗，为世界防疫做出了积极的贡献。反观部分西方国家，它们非但没有和其他国家形成“世界抗疫统一战线”，反而指责、甩锅、抹黑他国，企图转移国内民众视线，继而转嫁自己的责任。那些曾经引领全球化的西方主要国家纷纷退回到狭隘的国家主义中。它们对内实行“群体免疫”，放任疫情蔓延；对外劫持抗疫物资，呼吁与中国“脱钩”；美国及其盟国的政客们还倡导和鼓励反智主义，反对隔离措施，反对佩戴口罩，呼吁与病毒共存；在疫苗投放市场之后，以美国为首的西方各国大肆抢夺疫苗，垄断疫苗的供应和使用，对广大发展中国家实行“疫苗特权”“疫苗霸权”。面对疫情冲击，在美国和西方各国的钳制下，各种国际组织难有作为，其中WHO在初期因为客观对待疫情，引起了美国的严重不满，美国随即退出WHO。拜登上台后，改变对WHO的政策，WHO的态度开始转变，秘书长谭德塞在病毒溯源等问题上积极配合美国，严重丧失一个国际组织负责人应有的公正立场。

新冠疫情及其次生灾害，再加上美国等西方国家在疫情期间采取的单边主义、小团体意识、逆全球化思想，严重地阻碍了本已严重受损的全球合作，令国际关系陷入一种混乱、无序、冲突进一步加剧的局面。英国剑桥大学高级研究员马丁·雅克认为，新冠疫情“毒害”了全球关系并加剧了紧张局势，抗疫已经成为世界各国治理能力的一场巨大考验，后疫情时代的全球治理和国际秩序情况很难让人乐观[①]。可以说，新冠疫情及其后续效应将长期影响各国国家治理和国际政治格局。如果各国，特别是以美国为首的西方国家不采取积极、理性的举措，国际关系仍将在原有的困境中挣扎。难怪有人惊呼全球化发生逆转，整个世界秩序已经坍塌。正如西班牙《对外政策》双月刊网站所说：“新冠病毒的全球大流行，是后冷战时期以来国际安全面临的主要威胁和风险之一，凸显出全球治理框架的缺失。”[②]

（二）“美国问题”

提起“美国问题”，我们一般是指美国国内的各种社会问题，诸如贫富分化、种族歧视、毒品肆虐、枪支泛滥、犯罪问题严重、监狱人满为患等。每年3月中美就人权问题展开激烈交锋，中方发布的《美国侵犯人权报告》历数美国国内的各种违反人权的现象，这些都是属于国内性质的“美国问题”。然而，在今天，“美国问题”不再仅仅是美国国内的社会治安问题和社会治理问题，它已经从美国的国内问题演变为国际问题，成为全球治理的问题。这一点从特朗普上任开始便表现得尤为突出。

作为国际关系问题的“美国问题”应该从以下几方面加以理解。

---

① 雅克．新冠疫情如何影响全球治理［N］．环球时报，2020-09-30（14）．

② ALLEN J.How the World Will Look After the Coronavirus Pandemic［J］.Foreign Policy，2020.

第一，美国是迄今为止历史上最典型的战争狂热者。自 1776 年宣布独立建国，在 240 年的历史中，美国仅有 16 年没有参与战争。除第二次世界大战作为反法西斯一员参战外，其他战争中，美国乏善可陈，甚至是各场殖民战争和侵略战争的发动者。特别是“二战”后，美国依仗其世界霸权在全球各地不断挑起战争和战乱。据统计，1945 年到 2001 年，世界上 153 个地区发生 248 场武装冲突，其中美国发起 201 场，约占 81%。2001 年后，美国打着“反恐”旗号在 85 个国家发动了战争或开展军事行动。[①]美国历史上经常不惜以战争边缘政策或直接发动战争为威胁、恫吓手段令对手屈服。美国发动或参与的战争、战乱和武装冲突给相关国家和地区造成了严重破坏，使当地社会失序、生灵涂炭、难民遍地、满目疮痍，对世界和平构成巨大威胁。

第二，美国是国际关系中最大的麻烦制造者。美国经常批评其他国家对世界和平和世界秩序造成威胁，但其实只有美国霸权才会对世界和平和世界秩序造成威胁，正是美国在世界各地制造了各种动荡和麻烦。美国利用自身在经济、军事和政治领域的优势，到处挥舞霸权主义大棒欺压别国，就像街头小流氓一样制造各种事端。除了发动战争，美国常用封锁、遏制、制裁等方式围堵、打击反对美国或不与美国保持一致的国家。古巴、朝鲜、伊朗因美国长达几十年的封锁和制裁，经济、社会发展受阻。在经济领域，美国经常发动经济战、金融战、贸易战，通过设计陷阱、制造借口，不择手段地对世界各国割韭菜、挖墙脚。美国通过制造“阿尔斯通贱卖”“卡恩丑闻”等事件，抢夺欧洲资源；美国迫使日本签署“广场协议”，让日本为美国经济输血；在中美关系上，美国经常制造各种麻烦，采用诬陷、抹黑、制裁等方式，封杀中国企业、中国科技，抹黑中国政府和中国共产党，不择手段地打压遏制中国的发展。

第三，美国的单边主义和“美国优先”政策对全球合作造成巨大冲击。美国的一切行为旨在维护本国利益，如果国际合作有利于美国，美国则强调国际合作和多边主义机制；如果国际合作和多边机制有碍美国自身利益，美国则果断、迅速地抛弃国际合作和多边机制，体现出一种极端利己、极端自私的投机主义意识。为此，美国会非常任性地在各种由其自己创建的国际组织、国际条约、国际秩序中退出、进入，再退出。美国几次退出、进入联合国教科文组织就是例证。特朗普在任期间美国明确推行“美国优先”战略，冒天下之大不韪，先后退出由美国自己一手打造的 TPP（跨太平洋伙伴关系协定）、伊核协议、巴黎协定等，“毁约退群”的节奏明显加快。为了保障美国单方面利益，美国几乎对所有贸易伙伴点燃贸易战战火，意图和中国脱钩，阻止全球化进程。美

① 张红 .240 多年历史仅 16 年没打仗，美国战争罪行该被清算了［EB/OL］.（2021-09-23）［2024-03-01］. https://world.huanqiu.com/article/44su0W0zWpS.

国的单边主义对世界经济、国际合作、全球治理造成了致命的打击。

第四，美国的许多国内问题外溢至国际关系，危及全球。正如前文所指出的，“美国问题”本身是一个有关美国国内问题的概念，现在发展成了一个有关国际关系和全球治理的概念。而从一些具体问题来看，美国国内问题外溢至国际关系领域进而影响或损害国际关系的情况更为突出。其中有几个问题最为明显。一是美国的党争成为国际动荡的源头之一。美国两党机制看似相互监督，实则无原则地相互拆台，在各种政治极化所形成的政治氛围和舆论氛围中，两党不比谁好，而是比谁狠；不比谁更理性，而是比谁更极端。在政治正确意识的指导下，美国以意识形态划线，以美国利益划线，从而制造美中矛盾、美俄对立，制造美国与国际社会的对立。二是美国现在是一个金融立国的国家，金融市场的风吹草动经常引发金融风暴和金融危机，由于美国是世界第一经济大国，美元又是世界交易货币，美国国内的金融危机极易演变为世界经济危机。2008年美国次贷危机演变为世界经济危机就是明证。由于经济疲软和大量发行国债，美国近年连年负债，截至2022年10月已负债31万亿美元。另外，在疫情、俄乌战争的助推下，美国出现自20世纪80年代以来最严重的通胀现象，根据统计，2022年9月美国核心CPI（消费者物价指数）同比上升6.6%。为了应对这一局面，美联储不断加息，这导致美国陷入通胀—加息的死循环。更为重要的是，美国的加息导致多国货币汇率震荡，使同处通胀的世界各国面临更大的经济压力。三是美国在新冠疫情期间的表现严重拖累世界。美国消极抗疫，拼命推责，致使疫情肆虐，在过去相当长的一段时间内，美国国内确诊率和死亡率不断攀高。美国政府在国内疫情大规模暴发初期纵容人员国际流动，造成疫情在国际范围内更大规模的蔓延；在疫情肆虐的当下，宣布疫情结束，彻底放弃对疫情的管控。美国遍布全球的病毒实验室以及其防疫政策、防疫措施给全世界带来重大危害。

美国的政府行为和国家行为严重失范，国内因素成为制约美国参与全球治理的消极力量，并直接使美国问题成为国际关系的一大难题。美国不仅不能提供成熟的解决方案，反而加剧了一些国际问题的严重程度；美国没有真正扮演一个负责任大国的角色，反而把一些国际问题当作其国内各种政治势力相互制约的砝码；美国政府还把国际往来当作单方面谋求美国一国利益的手段，而不是共建国际社会共有共享的公共关系。“美国问题”正在成为国际关系和全球治理的一大顽疾，在其他导致国际关系陷入困境的基础上，增添了新的麻烦。

二、疑问：国际关系结构中的全球治理困境及其实质

对于目前国际关系领域出现的各种逆势、阻碍、停滞或恶化等情况，学者普遍用全

球治理困境来加以表述。全球治理概念出现于20世纪80年代，到目前为止已经过去40年的时间，为促进世界经济全球化、一体化发挥了积极作用，也为减缓全球温室效应、改善全球环境、消灭全球范围内的贫困和饥饿等提供了极大的支持。社会各方在肯定全球治理的积极意义的同时，又不得不承认全球治理的进程并不顺利，很多方面呈现停滞不前的状态，有的方面甚至严重倒退。综合起来，这些困境有以下几方面。第一种困境是治理主体不到位。全球治理有两大主体，一为世界各国特别是发达国家和几个主要大国，二为国际组织。纵观最近几十年来的历史，世界各国要么自顾不暇，要么聚焦于本国利益，要么专注于大国竞争，致使全球治理被撂荒，产生严重的全球治理赤字。作为世界唯一超级大国的美国频频退群，让很多唯美国马首是瞻的国家感觉全球治理领导力缺失。作为全球治理的最大主体，国际组织受制于各大国，特别是被美国等强权国家钳制，无法有效施展拳脚，力不从心，徒有虚名。第二种困境是治理目标不一致。全球治理和国内治理有着密切的联系，甚至直接表现为一枚硬币的两面，全球治理是国内问题的国际化，国内治理是全球问题的国内化，这就使得在全球治理的过程中经常出现全球利益和国家利益的冲突，甚至直接的对立。全球治理的目标是全世界的利益，而国内治理强调的是国家利益，二者如果不能有效协调必然产生相互抵触。第三种困境是全球治理的机制不够完善，甚至面临调整、瓦解和重塑的现实需求。特别是新兴国家和发展中国家对全球治理的贡献越来越大，但它们所享有的制度性话语权却非常有限，与它们的角色、作用严重不相匹配。近年来，电子商务、数字货币等一些新经济、新业态相继出现，而与其匹配的多边游戏规则尚未建立健全，多边治理体系面临规则升级的强烈需求。第四种困境体现在“逆全球化”的沉渣泛起。近年来，西方国家掀起了一股逆全球化的浪潮。如果说1999年西雅图的“反全球化”游行是民间行为的话，那么最近几年的“逆全球化”则完全具有官方色彩。当曾经在世界各地推广全球化模式和理念的西方各国政要突然转向反对全球化，并且有过之而无不及地完全逆时代潮流，企图退回到彼此“老死不相往来”的世界状态时，没有人怀疑全球治理所面临的困境，有人甚至认为这是全球治理的绝境。在西方右翼政治势力的鼓动下，全球范围内越来越多的民粹主义和极端民族主义抬头，一些民众似乎强烈地感觉到自己被排除在全球化的机会之外，或者在全球化中根本没有得到好处 。疫情期间，为了阻止病毒的传播，国际人员流动受到限制，货物流通也受到影响，国际货运大幅下降，全球产品供应链、服务业都面临萎缩、断裂的巨大风险。在经济萎靡不振、全球GDP一路下滑的情况下，美国和西方盟国纷纷采取收缩战略，主张资本回流、制造业回归。个别国家提出要重塑相对独立的经济体系，美国等西方发达国家为了维护自身在全球供应链中的“链主”地位，要求本国在海外企业回流国内，在本国重新选址设厂。世界原本完整的产业链和供应链正在重新变得支离破碎，一些依赖跨国供应链的企业正面临供应中断、企业停工的危险。这一系列的现象显示逆全球化浪潮正在加剧。特朗普带领美国高举反全球化和逆全球化的大旗，不仅奉行单边主义，抛弃多边合作，而且通过对中国发动贸易战、冻结人文交流等做法，对中国实施遏制打击，致使中美关系紧张不断升级。在美国的号召和带领下，美国的西方盟国也纷纷参与到围堵和遏制中国的行列。这种行为严重损害了各国与中国的关系，也造成了区域关系和国际关系的紧张。

从表面来看，全球治理困境的结论没有任何问题。考虑到“全球治理”一词作为一种类似“国际关系”又可以置换“国际关系”的概念，无论以上困境是全球治理的困境还是国际关系的困境，都不影响人们对时局的理解。但是，如果我们站在更宏大的视域、更专业的角度去观察，就会发现用全球治理困境去指称国际关系领域可能会产生一些认识上的模糊，甚至令人有种隔山打牛的感觉。“全球治理”一词是 20 世纪 80 年代提出来的概念，从它诞生之日起人们就没有给其下过一个准确的定义，这导致人们认为“全球治理”是“国际关系”的替代品，二者只是切入的角度、强调的重点不同。而且随着全球学的推广，用“全球”代替“国际”似乎更加全面、更加新潮。因此，全球治理有时表现为一套与国际关系平行的话语体系，有时则会直接替换国际关系。但问题是，在它出现之前国际关系的各种问题已经层出不穷，即使是现有的许多问题其根源也由来已久，因此显然不能用全球治理理论对国际关系的全部历史进行解释。另外，如果仅仅是因为这一概念比较新颖，便趋之若鹜地使用它，这恐怕会导致忽略全球治理和国际关系二者之间本身存在的不易察觉的区别。忽视这种细微的差别，终会造成更大的谬误，最终在应对这些问题时极大可能会作出有误差的选择。

仔细分析，全球治理与国际关系有以下几方面的差异。

第一，国际关系是一种国际力量的格局及其变化状态，是一种在一定时期内表现较为稳定的态势。国际关系既可能是善的，也可能是恶的。全球治理是对国际关系的观照精神，是对国际关系向善的治理，是一种实现某种国际关系理想状态的设计、手段和实践过程。

第二，国际关系是国家出现以后随之出现的自然状态，其历史跨度较长。全球传播是国际关系领域甚至整个人类社会和地球环境出现问题之后的一种应对，是近几十年人类忧患意识提高的产物。全球治理既开始于 20 世纪 80 年代对安全、发展的观照，也开始于更早的 20 世纪 70 年代罗马俱乐部对全球未来的悲切关怀。因此国际关系与全球治理各自的问题和对象并非一一对应，没有从属关系和整体与部分之分。

第三，国际关系长期以现实主义为原则，其表现为各种国际力量为各自的利益展开长期的争夺，并用战争手段规定国际关系格局或秩序——冷战格局之前的几次格局全部由战争决定。全球传播以理想主义为原则，即世界各国在继续维护各自利益的同时，采取对冲战略，试图维护国际关系、人类社会和地球环境的可持续发展。

现在再重新看待前面的“全球治理困境”，显然很多问题并不是全球治理的问题，或者说出现这样的问题不是全球治理自身的问题，更不是全球治理惹的祸。从全球治理主体、客体、规则等方面寻找原因和解决问题的办法，要么是削足适履，要么是缘木求鱼。这说明很多人找错了方向，倒置了思维。对于今天的国际关系、人类社会，真正的危险不是发展停滞不前，不是逆全球化浪潮阻碍国际合作，也不是国际规则无人遵守，更不是地球环境已经发生无可挽回的恶化。真正的危险来自美国霸权主义一味追求“美国优先”和“美国至上”目标，推行单边主义，在全球各地制造数不胜数的国际麻烦；来自美国和其西方盟国坚守冷战思维，以意识形态划线，到处制造对立和冲突；来自美西方在“西方中心主义”下抱残守缺，放弃国际合作，践踏国际规则；还来自美国和一众“民主自由”国家反智反科学，消极抗疫，四处推责，用政治绑架病毒溯源等科学问题，从而拖累全球抗疫合作。

从这个意义来说，“全球治理困境”这个命题并不成立，或者说我们所总结的“全球治理困境”并不是“全球治理”的困境。那么以上诸多问题以及所形成的困境应该称作什么困境？直截了当地说，就是国际关系困境，是旧式国际关系的困境。以往所有关于全球治理的讨论都必须从国际关系困境中寻找根源。只有纠正过去关于全球治理和国际关系的有关误解和偏差，才能找到问题的根源，才能对症下药。

旧式国际关系最大的特征是美国色彩、美国化和美国主导。“二战”以后建立的国际秩序在冷战之后逐渐演变为美国及其西方盟国主导的国际秩序，特别是在经济领域，美国用美元、规则和国际组织牢牢地掌握了世界经济的主宰。例如 IMF（国际货币基金组织）和世界银行作为世界经济的“定海神针”，其领导者长期以来被美国和欧洲把持，形成 IMF 领导人由欧洲人担任、世界银行行长由美国人担任的常态。其他大多数国际组织也有类似情况，它们的负责人要想当选，都得向美国表忠心，否则前途堪忧。WHO 秘书长谭德塞对待疫情溯源态度的前后不一就是最好的证明。冷战后美国霸权如日中天，把国际规则当成维护美国单方面利益的规则，合则用，不合则弃；把国际事务当成自己国内的事务处理，用自己的国内法随意制裁别国；把国际事务当儿戏，随意退出国际组织和协议；美国的行动准则是干涉主义，用军事和强力积极主动干涉别国内政，在全球推行西式民主，维护美国和西方利益。这一切无不体现了美国的主导性。

很显然，旧式国际关系的性质决定着国际关系的走向和处境。美国主导下的旧式国际关系以霸权主义、干涉主义、单边主义为圭臬，把美国或西方一小部分国家的意志强加于国际社会，使国际社会受制于美西方、国际政治受累于美西方、世界经济受困于美西方、全球治理受限于美西方。整个国际关系陷入一种欲罢不能的境地，最终彻底陷入泥潭和困境。事实在一次次地深刻教训、唤醒国际社会，要想从泥潭和困境中脱身，国际社会首先必须抛弃美国霸权主义和单边主义约束下的旧式国际关系，把国际关系从美国枷锁和美国囚笼中解放出来，共同构建一种全新的国际关系。

三、出路：建立新型国际关系是摆脱国际关系困境的必然选择

人类社会不能退步，不能被早已扔到历史垃圾堆的理念、思维继续左右自己。国际关系再次处在历史的关键节点，面临着艰难但仍要向前、纠结但需果断的抉择。我们必须重新锚定目标，坚决地走出现存的国际关系困境，坚决地与旧式国际关系说再见，用全球治理的意识和理念去建构一个新型国际关系体系。

中国共产党、中国政府及其领导人多年来在不同场合反复强调要推动构建新型国际关系。2013 年 3 月，习近平出访俄罗斯时提出推动建立以合作共赢为核心的新型国际关系，这是新型国际关系理念的首倡。2014 年 11 月，习近平在中央外事工作会议上强调，不能身体已进入 21 世纪，而脑袋还停留在冷战思维、零和博弈的旧时代，要跟上时代的前进步伐，推动建立以合作共赢为核心的新型国际关系，把合作共赢理念体现到政治、经济、安全、文化等对外合作的方方面面。2015 年 9 月，在参加联合国成立 70 周年系列峰会时，习近平在联合国讲坛上提出，“要继承和弘扬联合国宪章的宗旨和原则，构建以合作共赢为核心的新型国际关系，同心打造人类命运共同体”，正式把这一理念推向了全球。2021 年 7 月 1 日，在庆祝中国共产党成立 100 周年大会讲话中，习近平再次宣示了建立新型国际关系的决心：“新的征程上，我们必须高举和平、发展、合作、共赢旗帜，奉行独立自主的和平外交政策，坚持走和平发展道路，推动建设新型国际关系，推动构建人类命运共同体，推动共建‘一带一路’高质量发展，以中国的新发展为世界提供新机遇。中国共产党将继续同一切爱好和平的国家和人民一道，弘扬和平、发展、公平、正义、民主、自由的全人类共同价值，坚持合作、不搞对抗，坚持开放、不搞封闭，坚持互利共赢、不搞零和博弈，反对霸权主义和强权政治，推动历史车轮向着光明的目标前进！”① 在党的二十大报告中再次向世界宣示：“中国坚持在和平共处五项

① 习近平.在庆祝中国共产党成立100周年大会上的讲话［EB/OL］.（2021-07-01）［2024-03-01］. http://www.xinhuanet.com/politics/leaders/2021-07/01/c_1127615334.htm.

原则基础上同各国发展友好合作，推动构建新型国际关系，深化拓展平等、开放、合作的全球伙伴关系，致力于扩大同各国利益的汇合点。”“中国积极参与全球治理体系改革和建设，践行共商共建共享的全球治理观，坚持真正的多边主义，推进国际关系民主化，推动全球治理朝着更加公正合理的方向发展。”新时代国际关系理念已经成为中国外交的重要指导思想。这一理念的提出是对旧式国际关系陷入困境和僵局的一种高瞻远瞩的应对，其所设定的目标是国际关系摆脱旧式模式，走出困境的唯一选择。

对于新型国际关系理念，中国社会各界进行了充分的学习和领会，各自从不同的角度进行了阐释和分析。外交部部长王毅曾撰文指出，合作共赢是新型国际关系的核心，构建新型国际关系一是以命运共同体为处理国际关系的共同目标，二是以共同利益为处理国际关系的重要基础，三是以共赢为处理国际关系的基本原则，四是以合作为处理国际关系的主要方式。①有的学者从几方面分析了构建新型国际关系的理论内涵和时代意义，指出构建新型国际关系的重要前提是相互尊重，核心原则是公平正义，基本取向是合作共赢，根本基础是力量对比的变化，构建新型国际关系是统筹国内国际两个大局的应有之义。新冠疫情凸显了建立新型国际关系的迫切性，而全球化向纵深发展则亟须与之相适应的新型国际关系。在此基础上，构建新型国际关系应该顺应并推动国际体系的演变。②这些顺应历史大势、推动国际体系演变的结论，振聋发聩，极具思想高度和战略意义，对于如何摆脱旧式国际关系及其形成的困境具有重要的启发意义。

对于新型国际关系理念，我们还需要继续深化学习研讨，以使其契合变革后的新型国际关系现状，并使其取代传统国际关系理论中一些旧的不合时宜的内容，直至建构起系统的、全面的、符合时代特征的新时代中国化国际关系理论。

既然是新型国际关系，它的名称本身就意味着要与旧式国际关系分道扬镳。那么新型国际关系和旧式国际关系的分水岭在哪里？这是新型国际关系理念和理论首先要解决的问题。按照传统的国际关系理论，我们需要从国际格局、国际关系主导权、安全观、国际行为原则、国际关系目标、国际关系学框架和范式等方面去理解新旧国际关系的本质不同。比如，在旧式国际关系体系中，美国占据主导地位，这是其可以坚持霸权主义的底气所在；而在新型国际关系体系中，美国的主导地位必须被“剥夺”，国际事务不能由其单方面决定，一些国际组织的头把交椅不能让美国继续霸占。在国际行为准则

① 王毅 . 构建以合作共赢为核心的新型国际关系——对“21 世纪国际关系向何处去”的中国答案［EB/OL］.（2016-06-20）［2024-03-01］. http://theory.people.com.cn/GB/n1/2016/0620/c40531-28457048.html.

② 徐步 . 构建新型国际关系的理论内涵及时代意义［J］. 国际问题研究，2021（3）：1-22.

方面，不能再纵容美国采取干涉主义、单边主义和武装侵略的政策，必须予以坚决的抵制。在国际关系目标方面，要坚决反对美国优先和西方优先，继续强化全球化态势，把建立人类命运共同体的理念推动成为一种不可逆转的目标。

除了要搞清楚新型国际关系和旧式国际关系的区别，还要明确面对真正的困境——国际关系困境，我们能做什么？是改变错误的治理方式，还是寻找新的治理理念？事实上，我们已经探讨了国际关系与全球治理的不同，并且明确了国际关系目前遇到的问题真正属于国际关系困境，而不是全球治理困境，那么一切解决问题的方法、措施、战略就应该围绕国际关系困境展开。构建新型国际关系也应该站在更高的高度，从精神上、理论上、体系上大开大合地布局谋划。

（一）国际关系要去“美国问题”

正如前文所指出的，国际关系领域出现的许多问题，诸如大国关系紧张、国际发展不平衡、战乱不断、国际合作受阻、气候环境治理停顿等，莫不与美国有关，背后莫不有美国的影子，有很多问题直接就是美国挑起和造成的。因此，国际关系要想走出困境，得从美国入手解决问题。

实际上，美国作为国际关系走向的主导因素，其作用既有消极的一面，也有积极的一面。我们不否认美国在“二战”期间加入反法西斯同盟的意义，也不否认战后美国在建立国际秩序方面所作出的努力。联合国及其安理会架构至今还在维护世界和平中扮演着重要角色；联合国宪章成为维护全球安全、全球发展的不可动摇的基石；在IMF、世界银行和关贸总协定（现为世界贸易组织）三驾马车牵引下的市场经济为世界经济振兴发挥了出色的作用。当美国的主导因素作为一种积极力量出现时，国际社会和国际关系定会受益于美国的行动。然而，随着国际形势的变化，美国很快走到了国际社会的对立面，“二战”后迅速挑起和苏联阵营的冷战，展开了和苏联的核军备竞赛，把整个国际社会拖入了核冬天和各种冲突的阴霾之下，给世界带来了动荡不安，严重恶化了国际关系。冷战结束后，美国开始恃“财”傲物，恃力傲物，对世界发号施令，对中国固守冷战思维，对盟友予取予夺。原来作为积极因素的美国转变为了消极因素和破坏性力量。当美国是积极因素时，以其体量必然给世界作出重大贡献；但美国这种主导因素一旦成为消极因素和破坏性力量，美国因素就成为严重困扰、破坏国际关系的绊脚石。今天的“美国问题”正来自转变为消极因素和破坏性力量的美国自身。“美国问题”概念最早是指美国国内问题，但因其对国际关系的破坏性作用，这一概念已经“外溢”到了国际关系领域。事实上，国际关系领域有相当多的问题直接是从美国国内问题外溢为国际问题的。国际社会必须认真严肃地对待“美国问题”带来的危害，合力堵截“美国问题”的蔓延，努力把美国转变为无害的和发挥积极作用的因素，而不是危害全球的“美国问题”。“美国问题”解决了，国际关系自然就能摆脱困境。

去“美国问题”不是去美国或去美国化。作为一个现存的国家，美国就在那里，没有任何力量可以把美国从地球上抹除，除非它自己发生分裂。作为一个综合实力最强大的国家，美国在国际关系和国际事务中扮演着无可比拟的角色，国际社会离不开美国。但美国所采取的种种破坏性政策和举动对国际社会和国际关系造成了极大的伤害，“美国问题”俨然成为全球治理的绊脚石。国际社会应该联合起来，和给国际关系形成羁绊的“美国问题”作斗争。由国际条约、国际组织、世界各国构成的国际社会要管理“美国问题”，不能任其扩散、蔓延。国际社会绝不能再受制、受累、受困于美国，必须坚决地、勇敢地对美国的一切破坏行为说不。国际社会特别是主要国家要提升反对“美国问题”的能力，搬开这块阻挡世界进步的绊脚石。让“美国问题”不再是国际关系领域的问题，至少让“美国问题”回归美国国内。

美国决策层、媒体界必须清醒地认识到自己在国际关系中的责任，认识到地球是人类共同的家园，要和其他大国一起承担起领导国际社会保卫共同家园的责任，而不能用自己的国家利益架空全球利益，不能用一己之私绑架全人类的利益。美国必须清醒地认识到它的霸权主义、单边主义对全球治理所带来的伤害，同时意识到采取那些“损害大多数、幸福我一国”的政策行不通，只会对美国的国家利益造成反噬。美国应该认识到世界文明缤纷多样，每一种文明、每一个国家都在国际社会有着独特的存在价值和意义，世界应该求同存异、相互借鉴，而不是相互敌视、相互拆台，不能强求用西方价值观改造其他文明和社会制度。美国有责任、有义务在联合国框架内用联合国宪章所规定的各种精神开展自己的国际行动，不能以武力威胁、军事侵略等极端手段处理各种国际纠纷和冲突。在经济、金融、贸易领域，美国一样应该放弃霸权主义式和单边主义式的美国优先政策，应该承认在全球化的当下，逆全球化不可行，各国经济相互依存，谁也离不开谁。只有合作才能共赢，没有合作只能共输。

“美国问题”不去，国际社会就不会风清气正；“美国问题”不去，国际关系就走不出困境，新型国际关系也会受阻。

（二）用全球治理理念、范式构建新型国际关系

尽管说目前遇到的问题不是全球治理的问题，而是国际关系本身的问题，即国际关系本身陷入了困境，但是挽救国际关系于困境，构建新型国际关系，需要全球治理的理念、精神和范式。

“治理是各种各样的个人、团体——公共的或个人的——处理其共同事务的总和。”①全球治理自然是指在全球范围内“各种各样的个人、团体——公共的或个人的——处理其共同事务的总和”。之所以强调个人和团体，是因为“从全球角度来说，治理事务过去主要被视为处理政府之间的关系，而现在必须作如下理解：它还涉及非政府组织、公民的迁移、跨国公司以及全球性资本市场”。②不管卡尔松等人的解释准确与否，全球治理的主体、客体和对象肯定超越了国家边界，其所涉及的问题与国际关系问题是同质的，至少是交叉的。下面这个定义比较全面：“全球治理是全球各个行为主体共同参与、合作解决全球问题的机制与过程，从价值上说，它是基于一定共识的全球协调行动；从秩序角度看，它是以主权国家为核心的世界治理主体在全球事务中的共同合作。这一机制超越了种族、国家和宗教，遵循人类共同价值和世界人民的共同利益，能够最大程度解决全球问题与挑战、实现各国合作与发展。”③

全球治理的原则或精神是全世界各国政府、团体和人民团结起来共同应对全球性的问题，并为解决这些全球性问题找到有效的办法。“它将为人类提供一个新远景的开端，使人民和政府认识到，只有共同努力，运用集体力量去创建一个更美好的世界”。④全球治理概念在中国被赋予了新时代特征和中国特色的理解，人们从习近平关于全球治理、人类命运共同体和新型国际关系等论述中提炼、总结出了一些结论。有的把全球治理的精神概括为“共商共建共享”概念，有的认为“人类命运共同体思想是我国全球治理的价值引领，核心是和平、发展、公平、正义、民主、自由等人类共同的价值追求”。⑤有的说“开放、包容、合作与共赢是中国全球治理观的核心要义”。⑥有的总结“全球治理理念内含着三个重要的元素：‘道义’‘和谐’与‘合作’理念”。⑦这些总结虽然各不相同，各有千秋，但都明显地表现出对全球治理的理解与对人类命运共同体和新型国际关系等理念的理解常常有交叉。因此无论是从这些意义的交叉看，还是从几大理念的独立核心内涵看，全球治理理念与新型国际关系理念在初衷、意图和目标等不同维度都有着高度的一致性。全球治理理念和规范完全可以服务于新型国际关系的建设。

其实，国际关系之所以陷入困境，还有一个原因，那就是国际关系被传统的国际关系思维和理论所制衡。传统国际关系理论的起点是现实主义思想，这一思想牢牢地占据

① 卡尔松，兰法尔 . 天涯成比邻——全球治理委员会的报告［M］. 北京：中国对外翻译出版公司，1995：2.
② 卡尔松，兰法尔 . 天涯成比邻——全球治理委员会的报告［M］. 北京：中国对外翻译出版公司，1995：2.
③ 张孟洋 . 习近平共商共建共享全球治理观研究［D］. 石家庄：河北师范大学，2020：10.
④ 张孟洋 . 习近平共商共建共享全球治理观研究［D］. 石家庄：河北师范大学，2020：7.
⑤ 靳诺，等 . 全球治理的中国担当［M］. 北京：中国人民大学出版社，2017：91.
⑥ 徐秀军 . 逆全球化思潮下中国全球治理观的对外传播［J］. 对外传播，2017（3）：5.
⑦ 缪文卿 . 全球治理的中国维度［J］. 宁夏社会科学，2017（6）：30-32.

着国际关系学术的高地，也深刻地影响着各主要国际关系主体——大国的外交思维、国际战略思维。美国始终遵奉现实主义、实用主义为国家哲学，把争夺霸权、势力范围、政治经济主导权当作自己的外交主要目标。美国及其西方盟国的外交思想和传统国际关系理论相互影响、相互倚重，构成了一种理论与现实高度相互关照的结构。因此从这个角度讲，如果想要彻底摆脱国际关系的困境，就必须从传统国际关系范式、窠臼下解脱出来，转而用全球治理积极、向善的理论范式指导国际关系领域的各种行为，指导建设新型国际关系。这种范式转移实际上是一种意识的转变，并没有超越国际关系框架，超越的只是旧式国际关系意识和思维。

国际关系史上一直有一个关于“范式转变”的问题和争论。学者认为“所谓范式的转变，就是强调从由国家（包括两个超级大国、它们的盟国和‘中立国’）构成的范式向由多种行为体构成的范式转变”。[①] 但是根据迈克尔·班克斯的观点，范式问题没有这么简单，而且已然形成争论。1985 年班克斯率先提出“范式之间的争论”的说法。他认为到 20 世纪 80 年代时形成了“一种三角的范式之间争论”：现实主义、多元主义和全球主义。现实主义是以“国家为中心”，着重研究国家权力和权力均势，认为国家是最重要、最核心的国际关系角色，权力是国际关系中的核心概念；多元主义是一种“多中心”的分析法，强调国家决策和跨国主义，认为非国家角色是国际关系中不可忽视的重要行为者，相互依存和跨国主义是国际关系的核心概念；全球主义以世界体系为分析基础，强调世界政治经济中“资本主义全球结构”的作用，认为国际关系分析的出发点是国家与其他非国家角色赖以发生相互作用的全球体系，探讨如何使这些多元角色协力建立国际关系机制，更加重视经济因素。[②] 班克斯的三种范式之争的主角后来演变成了现实主义、自由主义和建构主义。但是新的范式之争仍然没有赢家，每一种理论都有自己的优势和目标，彼此都不能令对方“降服”，甚至不能兼容。随着辩论的深入，国际关系的范式之争已经超越“三足鼎立”局面，更多的范式如情感范式、共同体主义范式、非西方范式等加入争论。在现实层面上，各种范式似乎都对国际关系产生了影响，国际社会也都在尝试汲取各种范式理论的营养，但是，现实很骨感，现实主义更倔强，它依然是各国处理国际关系的首要原则。特别是美国及其众多盟友，变本加厉地坚守现实主义，并用霸权主义、强权政治、单边主义、保守主义等诠释现实主义，致使国际关系经常陷入紧张状态，而国际社会所倡导的全球治理则陷入停顿或困局。

① 多尔蒂，普法尔茨格拉夫.争论中的国际关系理论［M］.阎学通，陈寒溪，译.5版.北京：世界知识出版社，2003：2.

② 倪世雄.当代西方国际关系理论［M］.上海：复旦大学出版社，2001：174，175.

看来要想摆脱国际关系的紧张、无序，要想摆脱全球治理的困局，得有一种新的思维。这种新思维应该遵循全球治理的思维逻辑、理论逻辑和实践逻辑，彻底地跳出传统的固有的国际关系旧世界，跳出高于传统的范式之争之上的整体的国际关系范式，在国际关系范式之外建立全新的范式。这种新范式非全球治理范式莫属。

众所周知，现代范式理论是由托马斯·库恩提出的，他规定“范式”一词有两种意义不同的使用方式。一种是可以取代规则的模型和范例，另一种是“代表着一个特定共同体的成员所共有的信念、价值、技术等构成的整体”。[①] 库恩关于范式的第二种理解是非常重要的，即范式不仅有模式的含义，更意味着一种信念、价值和意义。也就是说“全球治理范式”这个概念只要成立，它就是相对独立于别的学术共同体或研究领域的一种全新的学术共同体或研究领域，它有自己独特的意义，这个意义要最大限度地区别于传统国际关系或国际关系范式。国际关系范式的意义正如前述学者所言是美欧历史上现实主义、自由主义和建构主义等流派所关注的关于利益、权力等纠缠不休的大国竞争及其意识。从近处说，是冷战结束以来美国主导的单极霸权体系的政治叙事；从远处说，是30年战争以后西方列强所建立的大国主导的国际秩序政治叙事。全球治理范式（可以看作新型国际关系范式或新型国际关系体系的构成部分）的意义在于放弃过去关注利益和权力争夺、动辄采取零和博弈和战争恫吓的手段获取利益最大化的大国政治，树立在国家平等基础上合作共赢、共治共享的人类命运共同体理念。

这个时代正处在百年未有之大变局中，国际格局在变，和平与战争、正义与野蛮、发展与破坏正在攻守相易，新的形势需要新的国际环境和生存理念，新时代需要新理论。此外，大大小小的霸权主义国家仍然信奉弱肉强食、以大欺小、有你无我的丛林法则。要想从根本上改变这种局面，唯一的办法是釜底抽薪，彻底地改变国际关系生态，废除旧的生态环境，营造新的生态环境，让霸权主义、强权政治的幽灵没有存活的空间。

（三）用新国际关系理论重塑国际关系正能量和国际关系学主旋律

从以上论述可以看出，全球治理、人类命运共同体等理念与新型国际关系理念是一脉相承的，它们可以共同组成一种新型国际关系理论体系。下一步，新型国际关系理念应该放大、深化、拔高到新型国际关系理论的程度，用新型国际关系理论覆盖、代替传统国际关系理论，彻底取代旧式国际关系理念和理论；用积极的、向善的、正能量的精神贯穿新型国际关系理论，让新型国际关系从精神、意识、思想等层面占领国际关系领域。

---

① 库恩．科学革命的结构［M］．金吾伦，胡新和，译．4版．北京：北京大学出版社，2012：147.

近现代国际关系滥觞于17世纪的欧洲，到19世纪末20世纪初，国际关系理论、国际关系学在欧洲和北美逐渐形成。最早的国际关系理论和国际关系学是欧洲和美国国际关系实践的理论总结，其西方特色是这一学科的一种本色。此后，无论是现实主义还是理想主义，无论是新现实主义还是建构主义，无一不是站在美国和西方的立场看世界、描绘世界、规划世界。在当下新的历史时期，这些经典的、传统的理论和学说都不能对新世界、新时代做出准确的判断、总结和指导，恰恰相反，很多观点与实践驴唇不对马嘴，在理论上广受诟病。最典型的例子是霸权稳定论和历史终结论。前者企图美化美国霸权主义，但事实是美国霸权主义治下的世界不仅不稳定，反而更混乱。阿富汗战乱、叙利亚战乱、伊拉克和利比亚战后混乱、俄乌战争、大国关系紧张等就是明证。后者仅凭西方取得冷战胜利就妄言人类社会最终由资本主义收场，结果是西方资本主义根深蒂固的矛盾根本无法得到解决，一场疫情彻底让西方神话破灭，反倒是中国坚持中国特色社会主义，在国家强有力的领导下，近年来经济迅速发展，社会繁荣昌盛，彻底消除了绝对贫困。凡此种种，西方经典国际关系理论已经严重和现实脱节，甚至在扮演阻碍历史进步的角色。新型国际关系作为一种取代、超越旧式国际关系的理念、系统，必须有自己的理论和学术体系。当然，新型国际关系毕竟是旧式国际关系的超越，它的基础建立在旧式国际关系之上，因此新型国际关系理论不可能闭门造车、凭空想象，而是要继承、完善和修正经典国际关系理论，根据对现实的分析、研究得出新的理论和学说，并用新的理论和学说覆盖旧的、不合时宜的理论和学说。

新国际关系理论作为建设新型国际关系、开展全球治理和构建人类命运共同体的思想指导，不仅要取代旧式的、保守的、落后的、不合时宜的国际关系理论，还要成为阻止美西方利用理论抹黑对手、制造舆论陷阱继而为自己制造有利生态环境的防火墙。国际关系主要理论如均势、霸权、威慑等是美国和西方国际关系实践的提炼总结，反过来又成为美国和西方维护自己霸权和中心地位、遏制新兴力量崛起的武器。例如美国学者格雷厄姆·艾利森提出了“修昔底德陷阱”理论，意指一个新崛起的大国必然挑战现存大国，现存大国要作出强有力回应，从而引发战争。这一理论来自古希腊时期斯巴达城邦和雅典城邦为争夺霸权而爆发战争的史实。该理论提出后被美西方各界大肆炒作，在舆论上对中国形成压力，其目的不言而喻是遏制中国的发展。中国方面为了打消美西方顾虑，坚决反对“修昔底德陷阱”理论。但事实是历史上斯巴达和雅典之间不存在谁是现存大国、谁是新崛起的大国的问题，二者各为两大军事同盟的盟主，二者爆发战争并不是因为雅典挑战斯巴达的霸权，而是因为斯巴达和雅典各自的同盟成员国发生了冲突，引发了两大城邦的战争。艾利森提出的“修昔底德陷阱”理论其实是对近代以来西方霸权几次易主历史的总结，准确地讲应该是“西方霸主陷阱”或“艾利森陷阱”。这一事实说明，西方传统的、经典的国际关系往往是为或能直接为西方服务、为美国服务的。新国际关系理论必须有这种防火墙意识，防止国际关系理论再为霸权主义、强权政治服务，防止西方颠倒黑白，制造新的、更多的理论陷阱。

总而言之，在历史即将进入21世纪的前夜，国际社会和世界人民曾对即将到来的新时代充满了希望。然而当我们进入21世纪并走过了第一个五分之一历程之后却发现世界依然如故，霸权主义、强权政治、战火纷飞、大国冲突、贫富悬殊、畸形发展、环境恶化等问题，不仅没有得到根本性的解决，而且许多问题还悬而未决，一些问题更加恶化，整个国际关系在一些结构性因素的约束下深陷泥潭，寸步难行。世界各国必须痛下决心，从根本上解决问题。幸好我们找到了一个正确的方向，也自然能找到真正解决问题的办法。新型国际关系是国际社会的正常状态，也是努力方向，更是让国际关系摆脱困境、走向正轨的正确道路。在21世纪，我们坚信只要坚持人类命运共同体理念，以造福国际社会和全体人类作为出发点，用全球治理的意识、精神、规则约束各国行为，风清气正的新型国际关系并非没有可能，至少，这是全球未来努力的方向和目标。